FUNDAMENTOS PSICOLÓGICOS DEL LENGUAJE

ERNESTO FIGUEREDO ESCOBAR

EDICIONES PRONOS WORLD

PRONOS WORLD

Derechos exclusivos reservados para todos los países
© 2020. Ernesto L. Figueredo Escobar

Título: Fundamentos Psicológicos del Lenguaje
Autor: Dr. Ernesto L. Figueredo Escobar

Edición: 1
Editorial: ELFE, Santiago de Chile
Fecha: 2005

Edición: 2

Fecha: junio de 2020

N° Inscripción: 113410

ISBN: 978-1-7350276-2-3

Ediciones Pronos World

www.pronosworld.com

Ideas Esenciales:

☐ La especie se matiza en la individualidad

☐ La ontogenia repite la filogenia

☐ Las regularidades del desarrollo psíquico le indican el camino a la mediación

☐ El reto de la mediación es un devenir entre la meta que fija la cultura humana y las potencialidades de desarrollo del individuo

☐ En la mediación del desarrollo la última palabra es del que aprende.

☐ No hay métodos buenos ni malos, sino personas que aprenden

☐ El desarrollo es acción

☐ Todo desarrollo humano es conjunto, para luego ser independiente y siempre interactivo

☐ Potenciar el desarrollo es la mejor forma de prevenir

☐ En la plena aceptación del yo, se da la posibilidad del otro. Amémonos

NOTA A LA SEGUNDA EDICIÓN

La obra que presento, "Fundamentos Psicológicos del Lenguaje", constituye un libro que tiene como objetivo facilitar adentrarse en los estudios que hacen posible una comprensión socio-histórica de la evolución del lenguaje en el ser humano, y con ello crear las condiciones para el mejoramiento del proceso de comunicación, la estimulación del desarrollo del lenguaje desde edades más tempranas y, en particular, fundamentar el proceso de atención a las personas con necesidades de apoyos individualizados en el área del lenguaje.

Para la elaboración de este libro el autor tuvo en cuenta de manera especial los valiosos aportes de la Psicolingüística, aunque se aborda el estudio del lenguaje desde el punto de vista fisiológico y, a través de toda la obra, se ha establecido la relación de cada tema tratado con el campo de la estimulación y desarrollo del lenguaje en general y teniendo presente expresiones individuales de formación y pérdidas.

El texto recoge los conocimientos psicolingüísticos, que revisten una significativa importancia para facilitar requerimientos de apoyos a la diversidad de niños, jóvenes y adultos.

El autor desarrolla la obra de una forma amena y asequible, lo que permite un amplio diapasón de usuarios. No obstante, el libro Fundamentos Psicológicos del Lenguaje es un valioso material de estudio para los estudiantes de Psicología, Psicopedagogía, Pedagogía y en particular para los de Logopedia y Fonoaudiología.

Por último, se destaca que esta obra ha sido bibliografía básica de la asignatura lenguaje y comunicación de magíster en educación diferencial con mención en trastornos de la comunicación y el lenguaje. También es relevante reconocer que su obra pionera se encuentra el libro Psicología del Lenguaje editado y publicado especialmente para satisfacer las necesidades de formar especialistas en el área de Logopedia para los planes de estudio de las universidades Pedagógicas Cubanas en el año 1982.

El observar la vigencia de uso de la obra en publicaciones actuales se constituye en un estímulo a seguir intercambiando por medio de esta segunda edición.

El Autor

ANTECEDENTES DEL AUTOR

Ernesto Lázaro Figueredo Escobar, Doctor of Philosophy in Education, Bachelor of Science in Speech-Language Pathology (Josef Silny & Assocates, Inc. Internacional Education Consultants EUA, 2009). Académico, Doctor en Ciencias Pedagógicas (Rusia, 1990 y Cuba, 1991), Master of Arts en Pedagogía, especializado en Logopedia (Rusia, 1979).

Founder & CEO de Pronos World, Director General de Pronos Consultores. Presidente de la Fundación Pronos, acreditada ante el Ministerio de Educación de la República de Chile para brindar Asesoría Educacional: Asistencia Técnica Educativa (ATE). A su cargo la dirección de asesorías a Establecimientos de la Educación General (Preescolar, Primaria, Secundaria y Preuniversitaria) y Universidades, para favorecer la implementación de la gestión de los aprendizajes en contextos colaborativos, aplicación de herramientas tecnológicas para la caracterización actitudinal – cognoscente y sociodemográfica de los estudiantes, la planificación integrada y el seguimiento al logro de aprendizajes, desde una postura preventiva y con la aplicación del análisis de cohortes.

Profesional que opera en el Enfoque Ontogénico y el Modelo de Análisis de los Componentes de Actividad de Aprendizaje. Su quehacer se ve reflejado en la creación de Softwares Educativos, Libros Especializados e Investigaciones en la atención de la diversidad de estudiantes con énfasis en el valor agregado en los aprendizajes como es al Análisis de Cohorte de Estudiantes.

Su obra es utilizada en la formación de especialistas en el campo psicopedagógico y logopédico. Ha generado y participado en eventos científicos nacionales e internacionales. Se destacan publicaciones en eventos y revistas de Universidades Latinoamericanas.

CAPÍTULO VI. - LA MEDIACIÓN VERBAL DE LA ACTIVIDAD PSÍQUICA 92

CAPÍTULO IX.- LENGUAJE ESCRITO 147

CAPÍTULO X.- ESTIMULACIÓN TEMPRANA 166

BIBLIOGRAFÍA 195

INTRODUCCIÓN

Este libro se orienta a intercambiar en relación el desarrollo del lenguaje en la ontogénesis. Se aborda la capacidad del lenguaje hablado en la individualidad humana en el entretejido bio-psico-social. Si bien comprende miradas y posturas de diversos autores y tendencias, se enfatiza en una mirada socio – histórico - cultural.

De tal manera se asume como premisa el estudio desde una mirada comunicacional, buscando las razones filontogénicas de la vigencia del lenguaje hablado y con ello destacar la relevancia de la actividad verbal dentro de la vida social en general.

Al tratar los mecanismos del lenguaje se convoca al entendido que devela que sea asumido como un sistema funcional, que convoca a diferentes áreas interrelacionadas, lo que permite dimensionar la relevancia de la estimulación temprana y la propia organización estratégica de los apoyos para facilitar su desarrollo ante diferentes manifestaciones individuales.

Siguiendo esta postura se comprenden los estudios de las formas y funciones del lenguaje, la generación de enunciados, el lenguaje escrito, teniendo como guía metodológica una postura evolutiva.

Una vez realizado este recorrido evolutivo abrigados en los fundamentos de los estudios de autores como L. S. Vygotsky, A. R. Luria y I. P. Pavlov y otros, se enfatiza en las razones prácticas de los estudios; lo que se generaliza en el capítulo dedicado a la estimulación temprana del desarrollo del lenguaje.

Este libro se articula metodológicamente con los libros Progresión de Aprendizajes Básicos: Una Perspectiva Ontogénica del mismo autor y Apoyos para la Transición hacia una Vida Adulta Activa: Propuesta Progresiva de Aprendizajes Vitales de Manuel J. Quintana Díaz.

CAPÍTULO I.- EL LENGUAJE HABLADO

I. 1.- Actividad y Comunicación

A la existencia de la actividad verbal en el ser humano se le ha dado a través de los tiempos distintas interpretaciones. Se consideró que el lenguaje, por su origen, era un fenómeno natural. Otra teoría exponía que su aparición estaba determinada por un convenio que implicaba que un objeto debía denominarse de una forma y otro de otra.

Por tratarse de buscar vías que permitan argumentar el proceso de asimilación del lenguaje hablado y en consecuencia determinar posturas facilitadoras de su adquisición y desarrollo se manifiesta que la actividad verbal tiene lugar en el contexto de otras actividades.

Con el nacimiento se registra actividad sensorio motriz. No se nace hablando, pero si es vital sentir y moverse desde la fase prenatal. Con el desarrollo intensifica el hacer, que implícita la comunicación con los demás; en donde la recurrencia del lenguaje hablado le favorece su comprensión y expresión. En general, está ligado a la actividad social del ser humano.

La actividad social conjunta demanda de la comunicación. En una situación concreta, dentro del mismo campo visual se generan las opciones que permiten que ocurra una comunicación sincrética, a partir de lo que se está viviendo. Se genera una integración de los objetos y fenómenos coincidentes que facilitan la comunicación.

Fuera del campo visual se limita la comunicación. Es necesaria una vía comunicativa vaya más allá de lo situacional y ese recurso sale de forma natural de las sonoridades y la reproducción de estas. De tal manera, que la ejercitación sonora en general debe llevar a la sonoridad específica que sistematice la propia del habla.

La comunicación por vía mímico gestual requiere de la visión y del contacto físico. La comunicación por medio de sonidos audibles ve más allá de lo situacional. Es cierto que las señales de humo tienen lugar con el concurso de la visión, pero en condiciones de lejanía de los involucrados en el quehacer conjunto y se movilizan recursos que no son propios del ser humano, como lo son los brazos, el cuerpo, las reproducciones sonoras. Debe algo insólito, pensar en generar fuego y humo para comunicarse cuando se está en el mismo contexto visual o se puedan emitir sonidos.

La comunicación mímico gestual tiene su origen en el hacer, que moviliza las mismas extremidades que se utilizan para la comunicación mímico gestual. En este caso, la persona debe hacer o comunicarse. La simultaneidad resulta una tarea compleja. Se habla o se comunica o se comunica o se habla.

La comunicación por medio del lenguaje hablado puede simultanear el hacer y el hablar, lo cual es favorecedor de los objetivos de ambas actividades: el hacer conjunto y la comunicación que se genera en el contexto de la solución de tareas.

I. 2.- La Lengua

Ferdinand de Saussure definió la lengua como el conjunto de imágenes verbales almacenadas en todos los individuos y que constituye un producto social (sistema de signos). La actividad físico-psíquica individual y el uso del sistema de la lengua por el sujeto, la denominó habla. Con ello, estableció la diferencia existente entre la lengua y el habla.

Esta división influyó de un modo determinante en el desarrollo ulterior de los estudios lingüísticos. Se define lo potencial (inherente a todos, es decir la lengua) y lo que realiza cada uno por separado (habla).

A. A. Leontiev (1968) a la división inicial de Ferdinand de Saussure, se añade un elemento nuevo que señala la presencia de la posibilidad de utilizar y comprender lo expresado: la capacidad idiomática, que condiciona la actividad verbal.

Los distintos objetos y fenómenos del medio hacen llegar información a través de señales. Estas pueden ser de distintas categorías. Entre ellas, el sistema de señales que forma la lengua ocupa un lugar especial.

Un ejemplo de señal lo constituye la aparición de una columna de humo en el horizonte. El humo sin fuego no existe, esto es evidente. Al igual sucede cuando las ramas de un árbol se encuentran en movimiento sin que medie la acción humana o animal, es decir, se sabe que las bate el viento. A estas señales se les denominan indicios, son naturales y evidencian lo que ellas mismas representan. La señal y su significado son indisolubles.

Cuando en el bosque se observan las huellas dejadas por un animal (un pájaro, una liebre, por ejemplo) estas huellas también son señales; recuerdan el animal al cual corresponden. A estas señales se les denomina señales - copias.

Los indicios y las señales – copias tienen en común el que se producen de una forma no premeditada; además no van dirigidas a nadie en específico.

A las señales establecidas de modo convencional, con formas más exactas se les llama signos. A diferencia de las anteriores señales, estos van dirigidos a alguien en específico y son premeditados.

Entre los signos que van dirigidos a alguien en específico y tienen un carácter premeditado, se encuentran los que integran el sistema de la lengua. Los signos de la lengua se establecen como convenciones, pero alcanzan vida propia y son objeto de transformaciones morfológicas y semánticas sin que medie una posición de premeditación, sino de cambios sobre la base del propio uso y desuso por el ser humano en contextos sociales particulares.

La manzana (en español), se denomina /apple/ en inglés y /yabloka/ en ruso. Al mismo tiempo que en países que hablan un mismo idioma, los objetos alcanzan diferentes denominaciones. Son variados los ejemplos: los frijoles para los cubanos son porotos para los chilenos y caraotas para los venezolanos.

Es posible encontrar diferencias hasta dentro del mismo país: en el Oriente de Cuba al objeto que se denomina balance en el occidente se le dice sillón.

De tal manera, en los signos de la lengua no son realmente convencionales en el sentido con que se establece una convención acerca de signos artificiales, que puedan servir de comunicación entre los integrantes de determinados grupos afines, sino que son el producto de una evolución en la actividad social. En los signos de la lengua se observa una diferencia específica entre el significante y el significado. El significante será la palabra y el significado su contenido. La lengua humana se estructura en la relación:

Signo
Significado

En este caso, a diferencia de las señales - copia y los indicios, se exige la presencia de un emisor y de un receptor, porque las señales son dirigidas a alguien en específico.

Asalta una pregunta en el análisis de esta cuestión. ¿Existe diferencia entre la lengua de los por ser humanos y la "lengua" de los animales? Ciertamente los signos de la lengua se emplean con el objetivo de informar. Sabemos que todo organismo animal posee medios de comunicación, aunque sean muy rudimentarios. Esto se ha confirmado en investigaciones realizadas.

K. V. Frisch (1965), como resultado de sus investigaciones, señaló que la abeja, a través de distintos movimientos "danzarios", muestra donde localizó la miel, en que dirección hay que volar. La abeja "danza" y cada movimiento representa una señal.

L. S. Vygotsky, en relación con esto, señaló que el fundamento de esta comunicación se encuentra en el instinto. De igual forma, A. R. Luria también indicó que los movimientos o sonidos en las abejas son el resultado de estados afectivos, que no constituyen en sí códigos objetivos para designar cosas concretas o sus relaciones.

Como diferencia evidente entre la "lengua" de los animales y la del ser humano se puede señalar que la de los animales está ligada a la situación concreta y, en consecuencia, es muy pobre. Se estructura una relación que es representada por Zhinkin de la siguiente manera:

La parte
El todo

Un animal puede comunicarle a otro la inminencia del peligro o la posibilidad de calmar el hambre. El jefe de la manada emite el sonido en correspondencia con la situación y sus integrantes reaccionan, poniéndose en función del sonido emitido. Como se observa, las señales que emite el animal van dirigidas en un mismo sentido, en el sentido biológico.

"La 'lengua' natural - dice A. R. Luria - no designa una cosa permanente, una característica, una propiedad, una relación, sino que expresa solamente un estado o sentir del animal..."[1]

Debemos señalar que los animales, además del grito, utilizan otros medios de comunicación en relación con los movimientos desplegados y las posiciones adoptadas. Esto lo podemos constatar en la actitud del felino al acecho del ratón, o en la alegría del perro que mueve la cola, al adivinar la presencia del dueño.

La hormiga exploradora arrastra el extremo del abdomen para marcar el camino con una sustancia química odorífera que les permite a sus congéneres dirigirse de forma exitosa hacia el alimento localizado. Al llegar al nido, se comunica con las demás por medio de roces de sus antenas. En los animales, la comunicación desempeña dos funciones:

1. La continuidad de la especie (conjunto de señales sexuales). El macho y la hembra se localizan a través de señales que, de estar ausentes, pondrían en peligro la continuación de la especie.
2. La conservación de la especie. En este sentido se pueden señalar los gritos preventivos emitidos por el jefe de la manada para anunciar el peligro o la presencia de alimentos.

Es cierto que queda mucho por saber sobre la comunicación animal. En particular se presta en la actualidad atención a los recursos sonoros de comunicación de los delfines.

El lenguaje del ser humano no se reduce a una situación en concreto. El ser humano utiliza la lengua con objetivos sociales y estéticos. Él puede hablar del presente, del pasado y del futuro. Ni uno solo de los animales sabe que los medios que utiliza son señales; simplemente son parte de su conducta general. El ser humano deviene en cognoscente de sus propios recursos comunicativos. Trata de entender su naturaleza y adopta posturas metacognitivas sobre su acontecer.

---

[1] *A. R. Luria: Conciencia y lenguaje, p. 27*

El ser humano utiliza los signos de forma consciente, los combina, dedica su vida al estudio de estos. La lengua en él constituye un medio de cognición del mundo y facilita su desarrollo social.

La lengua humana es un complejo sistema de códigos que tiene como función realizar y transmitir información e introducirla en determinados sistemas de su vida social.

En relación con lo planteado, se comprende que la lengua humana se desarrolla, sufre cambios, mientras que la "lengua" animal se mantiene invariable a través de los siglos, cuantitativa y cualitativamente.

"El "lenguaje" de los animales - dice A. R. Luria - se reduce a una señal exterior, que expresa estados afectivos. Por ello, también la "decodificación" de estas señales no es el desciframiento de códigos objetivos, sino la inclusión de otros animales en la correspondiente convivencia. No es un instrumento para designar objetos y abstraer propiedades y por ello de ninguna manera, puede ser considerado como medio formador del pensamiento abstracto.[2]"

La psiquis humana es especial. El ser humano se diferencia del animal en el empleo de las herramientas sometidas a transformaciones sistemáticas y progresivas. En ello se refleja el carácter creador de la mediación en el ser humano. Muestra evidente de su capacidad de ideación y simbolización.

En las condiciones de la vida animal se registra de modo aislado el uso de medios de interacción con el entorno, los que se tipifican en situaciones concretas y no son objeto de transformación, es decir, el uso del mismo recurso perdura sin cambios en similares situaciones.

El ser humano, por el contrario, se caracteriza por crear cada vez más y mejores recursos para la cognición del mundo circundante. En esta dirección es imposible predecir el alcance de su fuerza creadora.

---

[2] *A. R. Luria: Obra citada, p. 28.*

El idioma es para él también una herramienta psíquica o un sistema de signos psíquicos mediante el cual puede organizar su actividad.

El lenguaje es el instrumento mediatizador por excelencia una vez que sustituye a las herramientas de cognición inmediata del mundo circundante. Cuando un grupo de hormigas traslada "una migaja de pan" a su morada lo hace utilizando por siempre el mismo recurso, de acuerdo con sus propias posibilidades físicas. El ser humano interpone los instrumentos de trabajo y para separarse de la realidad inmediata se vale de las representaciones y del lenguaje. Las formas de interacción con el entorno pueden ser:

- Directa (manipulación inmediata)
- Mediada concreta (a través de un objeto se interactúa con otro)
- Mediada por la imagen o representación de lo vivido
- Mediada por el lenguaje

La interacción directa se manifiesta en la manipulación de los objetos y convoca a las vías sensoriales y motrices. La persona alcanza con sus manos una fruta de un árbol, denota contemplación directa, manipulación inmediata.

Cuando a través de un objeto se interactúa con otro, entonces las relaciones son mediadas de forma concreta. La persona necesita un palo para alcanzar la fruta, entonces se media con la ayuda de una herramienta.

Las vivencias se registran en forma de imágenes o representaciones y es dable seguir interactuando con el mundo circundante cuando se está fuera de la situación ya vivida. Un niño o niña, por ejemplo puede estar dibujando a su familia haciendo a alusión con sus trazos a sus sensaciones y sentimientos. La actividad está mediada por la imagen de lo vivido.

La actividad psíquica no solo se realiza a nivel concreto, sino que ocurre a nivel mental por medio de las diferentes representaciones visuales, auditivas, táctiles, gustativas y olfativas.

El crecimiento de la mediación por medio del lenguaje tiene lugar desde temprana edad como consecuencia de las relaciones sociales. Se pasa de las formas comprensivas de interacción cuando las palabras del adulto acompañan la actividad social conjunta a las activas al acompañar la actividad con verbalizaciones propias.

Así, se pasa de las formas concretas de interacción directa a las mediadas de forma concreta, luego representativa y en su forma más elevada, por el lenguaje. Por tal razón, podemos afirmar que la psiquis humana es mediatizada por el desarrollo estructural que le es propia y su forma más elevada se encuentra en el pensamiento lógico verbal, la memoria verbal y otras expresiones psíquicas superiores de desarrollo. Más adelante veremos que se establecen como sistemas funcionales con el proceso de socialización y responden a estructuras cerebrales potenciales.

La adquisición del lenguaje por cada individuo es posible debido a que vive en sociedad. La asimilación del lenguaje es el fruto de la actividad social. Esto se ve demostrado en los distintos casos de menores que, por diferentes motivos, se han visto aislados de la sociedad o incluidos en el mundo de los animales.

En ambos casos no han logrado asimilar el lenguaje. Fuera del contexto social no se desarrollan las funciones psíquicas superiores. El ser humano modela su vida con la ayuda de la lengua. Si para el animal la función principal en su existencia es la experiencia propia, para él es la experiencia social acumulada.

El desarrollo ontogénico del ser humano pasa por distintas etapas. Si a un niño le llama la atención el fuego y trata de alcanzarlo, sufre una quemadura. En tal caso estamos en presencia de una experiencia propia, individual.

Con la transmisión de la experiencia acumulada, no necesita introducir la mano en el fuego para saber que quema. De tal forma, vemos los recursos de mediación y en particular el lenguaje, como medios necesarios para la formación del ser humano en sociedad.

El graznido emitido por un ganso para alertar sobre el peligro se transmite a la bandada y toda ella se levanta en un revuelo; se establece una transmisión de excitación. El "signo" como medio de advertencia de una situación concreta dada es propio de los animales.

El "signo sonoro" animal constituye una información determinada; a cada signo le corresponde un significado, lleva implícita una información específica y nunca puede usarse en combinación con otros para dar lugar a estructuras más complejas.

"La lengua del ser humano (dice Zhinkin) se estructura de elementos discretos, de tal manera, que la unión de elementos de una clase dada forma una unidad completa. La unión de tales unidades proporciona una nueva unidad de segundo orden, de tercer orden, etc. Esto es, se forma una jerarquía de unidades idiomáticas, en la que frecuentemente se encuentran cinco niveles: Las características de los fonemas, los fonemas, los morfemas, las palabras y la oración.[3]"

A partir de estos planteamientos podemos ver que la lengua tiene distintos niveles de construcción, no tenemos de antemano preparada la información. Hacemos uso de sonidos, los cuales unimos en un orden dado y obtenemos la palabra. Estos signos se combinan cada vez de forma diferente.

A cada lengua le corresponde un número determinado de fonemas que se mantienen de una forma constante por períodos considerables y tienen como función principal la diferenciación de un signo de otro. De estas unidades o fonemas se forman las palabras cuando se combinan, para así proporcionar el nivel semántico o del significado.

De esta manera se puede diferenciar, por ejemplo, la palabra que en español designa a la mesa (table o stol, respectivamente en inglés y en ruso) que se diferencia de la palabra mecha por la presencia de otro fonema y en la oración se torna precisa cuando aparece inserta en enunciados: ¿Qué sentido tiene mi mesa? ¿Será el de trabajar? ¿Será el de comer?...

Estas combinaciones no se encuentran en los animales. Hablar de la lengua precisamente como un medio de comunicación de alta flexibilidad, creatividad y originalidad, es posible en relación con el medio que utiliza el ser humano para comunicarse.

De ahí, que siempre exista la posibilidad de ser sorprendidos por una nueva obra literaria que deleite por su buen gusto en la forma, la profundidad del mensaje y el poder de síntesis. No hay que olvidar, que comunicar es decir mucho con poco. Veamos un ejemplo a través de un verso:

---

[3] *N. I Zhinkin: " El intelecto, la lengua y el lenguaje ", en Los trastornos del lenguaje en niños preescolares, p. 13.*

Todo es hermoso y constante
Todo es música y razón
Y todo como el diamante
Antes que luz es carbón[4]

Se utilizan pocas palabras de las que emanan múltiples mensajes, denotándose la opción de un nuevo enunciado verbal. La capacidad combinativa posibilita realizar infinitas informaciones. Más adelante podremos ver que con una misma estructura semántica interna, se pueden formular distintas estructuras externas.

En general, podemos sostener, que el signo es el material portador de información y que la lengua constituye un sistema de signos. Además, se debe señalar que una variedad de ellos puede denominar lo mismo (los sinónimos); al mismo tiempo, con uno se pueden denominar distintos objetos (homónimos). Con otros, se emite lo contrario (antónimos). De esta manera, detrás de cada signo se fija un círculo de significaciones.

Del elemento signo con sus correspondientes significados en la comunicación se selecciona aquel que responde al elemento subjetivo, es decir, a las necesidades del que lo utiliza. Así detrás de cada signo se encuentran su significado y el sentido que se le ha dado. De aquí que este resulte complejo en su estructura y formación.

Significante
Significado
Sentido

El significante tiene un significado que con la experiencia de vida alcanza un sentido personal. Hagamos un experimento. Conteste las siguientes preguntas:

- ¿Qué es la micro? _____

- ¿Qué es la micro para un chofer? _____

- ¿Qué es la micro para un mecánico? _____

---

[4] *José Martí: Versos sencillos.*

Si es un usuario de este medio de locomoción colectiva contestará que es un medio de transporte, si fuera un chofer pensaría que se trata de su medio de trabajo y si fuera un mecánico diría que su objeto de trabajo. Esto se definirá a partir de la experiencia personal y el contexto en que transcurra la comunicación.

La psiquis funciona mediante el sistema de signos, en particular el dado por la lengua, este fortalece el intelecto; a través de él se puede reflejar de modo multilateral la realidad, separarse de ella, analizar el presente y tomar visión del futuro, conocer el pasado, ir más allá de la experiencia personal y asimilar el conocimiento humano.

"Cuando nosotros utilizamos la expresión "la lengua de los animales" - dice A. A. Leontiev -, en esencia es incorrecto, ya que para la abeja, la hormiga, la urraca o el mono su "lengua" no constituye ni un instrumento de cognición, ni un medio de asimilación de la experiencia social general de las abejas, las hormigas, las urracas o los monos; semejante experiencia no existe. Inclusive, si nosotros en ocasiones llamamos a las abejas y las hormigas animales sociales, esto quiere decir simplemente que ellos viven, como dicen los biólogos, en comunidad - las abejas en el panal (el ser humano es un miembro de la sociedad humana). Cada miembro de la comunidad, en las relaciones biológicas, es perfectamente independiente.[5]"

Como podemos percatarnos, el ser humano es un ser social y en su existencia no puede separarse de la lengua. Por medio de ella, en el lenguaje verbal, las personas intercambian información y organizan su vida en sociedad.

La lengua es un sistema informativo, que se forma en el proceso de la comunicación verbal como su instrumento. Se organiza en el lenguaje, y el lenguaje proporciona información sobre la realidad durante el habla.

---

[5]A. A. Leontiev: *¿Qué es la lengua?*, p. 27.

La actividad conjunta constituye el mecanismo interno de las relaciones sociales. Por este motivo es que la actividad verbal está implícita en ellas y favorece su concreción.

No debe pasar por alto el hecho de que la comunicación puede realizarse mediante diferentes medios: puede establecerse comunicación a través de un objeto (un muestrario en la vidriera de una tienda), a través de imágenes (un cuadro en una exposición), mediante factores emocionales (cuando dos individuos establecen contacto encontrándose en silencio) y, por último, mediante lenguaje verbal, principal medio de comunicación. Con ella es posible transmitir cualquier información.

Hay que tener presente que el uso excesivo de recursos verbales no es garantía para lograr una buena comunicación: transmitir más y hablar o escribir menos.

Hay una distancia importante entre lo que se pretende comunicar y lo que el interlocutor entiende. Cultura no es hablar con complejidad, sino con asequibilidad. Es necesario recordar que si se dice algo es porque se quiere comunicar algo. Hay que hablar para los demás y no para sí mismo.

La lengua es un medio universal; por ella existe la sociedad humana, tiene lugar la incorporación del ser humano a la realidad social, este puede apoderarse de la experiencia histórica y logra su desarrollo individual.

La forma principal de comunicación es el lenguaje verbal, es decir, cuando combinamos los signos de la lengua y organizamos la materia sonora en una secuencia. En tal contexto las formas.

I. 3.- El Lenguaje

Se considera lenguaje a cualquier sistema de comunicación que denote estructura, se utilice en un contexto de uso bajo determinadas reglas. El lenguaje específicamente humano se basa en la comunicación por medio de signos sonoros y gráficos, gestos y señas. Principalmente lo hacemos utilizando el signo lingüístico presente en la actividad verbal.

El lenguaje verbal es la lengua en acción. Esta actividad se realiza mediante el sistema de signos idiomáticos. Si la lengua es un sistema de signos, el lenguaje denota funcionalidad, activismo y para que tenga lugar, es necesaria la presencia mínima de dos personas: la que habla y la que escucha. Ambas realizan diversas acciones verbales. En ellas se pueden distinguir dos características principales: su estructurabilidad y objetividad, esto es, la forma y el contenido.

Lo anteriormente expuesto permite analizar más ampliamente la actividad verbal en general. En la Psicología se entiende por actividad el conjunto de procesos psíquicos motivados por un objetivo específico y dirigidos hacia el logro de resultados. El ser humano habla a fuerza de motivos. Y así estructura su verbalización para lograr el objetivo planteado, de lo cual se deriva que en la actividad se destaquen tres rasgos: el motivo, el objetivo y la realización.

Estos rasgos se aprecian claramente en el planteamiento de A. N. Leontiev referido a que el conocimiento de los medios sociales fijados (los signos) facilitan planificar la actividad, saber con qué objetivo ella se realiza y, al mismo tiempo, determinar con qué medios se puede lograr aquello que ha motivado.

Detrás del lenguaje siempre hay algo y ese algo exige respuesta en el plano verbal o no verbal. Está presente en todos los tipos de actividades que realiza el ser humano con el objetivo de organizar su vida.

Aunque debe señalarse que la acción verbal puede tener lugar fuera de la actividad e, inclusive, puede darse el caso de emisiones vacías, sin contenido: el lenguaje por el lenguaje. Es el caso, por ejemplo, de las emisiones ecolálicas.

A. A. Leontiev, al mismo tiempo que habla de esta actividad verbal, señala que como tal, en el verdadero sentido de la palabra, ella no existe; lo que sí tiene lugar es un sistema de acciones verbales que se incluyen en otra actividad:

"Con el lenguaje solo, el ser humano no tiene nada que hacer, él no es su objetivo propio, sino el medio, el instrumento, aunque pueda emplearse indistintamente en diferentes situaciones."[6]

---

[6] A. A. Leontiev: *La lengua, el lenguaje y la actividad verbal*, p. 64.

Las creaciones literarias expresan con sensibilidad los sentimientos del ser humano y constituyen manifestaciones que reflejan aspectos característicos del acontecer de su vida individual y colectiva.

La comprensión de que el lenguaje es un elemento incluido en otra actividad es de vital importancia. Esto permite entender que se debe estimular la formación del motivo; él es el eslabón inicial de su desarrollo. La idea de desarrollar lenguaje por el lenguaje no tiene sentido.

La riqueza verbal no se mide por la cantidad de recursos, sino por la eficiencia en su uso. Evitar el verbalismo excesivo y el uso de recursos idiomáticos sin una suficiente representación sensorial y motriz. El desarrollo del lenguaje está dado ante todo a partir del activismo que demuestre el sujeto que lo asimila.

En forma general podemos afirmar que el lenguaje es la utilización de los medios que brinda la lengua para propiciar la actividad verbal que ha de expresarse en las correspondientes estructuraciones verbales que persiguen el establecimiento de la comunicación. Este asimismo es inherente a otras actividades.

El lenguaje y la lengua están conectados entre sí; por medio de los recursos que le brinda la lengua, el lenguaje tiene lugar y, a su vez, la lengua solo existe en el lenguaje por tanto se encuentran en una indisoluble interconexión.

Se puede agregar que la actividad verbal es la actividad mediata a los signos del sistema idiomático.

I.P. Pavlov llamó segundo sistema de señales a la palabra (señal de señales), a diferencia de todas las informaciones que llegan a nuestro cerebro a través de los órganos de los sentidos (primer sistema de señales).

La unidad del lenguaje está dada por la palabra, la cual ha quedado denominada como signo de los signos. Del objeto a la representación, su denominación y categorización.

La palabra media al objeto y su representación para alcanzar dimensiones mayores abstrae y generaliza para así ponerse al servicio de toda la actividad afectivo - cognoscitiva del ser humano.

El segundo sistema de señales permite ejecutar con palabras la acción mentalmente. El lenguaje se desarrolla en la medida en que domina la realidad que lo rodea. No obstante, podemos decir que la palabra puede ser utilizada en calidad de señal del primer sistema; un ejemplo de esto es la señal de arranque emitida en un estadio.

En el capítulo sobre el desarrollo de la función reguladora podrá apreciarse el tránsito de la palabra de estimulación impulsora a la inhibitoria.

I. 4.- Capacidad Idiomática

El lenguaje no aparece implícito en el ser humano con su nacimiento. Se debe asimilar, reproducir y emplear en la comunicación con los demás y consigo mismo. Para que esto tenga lugar, ha de existir un basamento que lo propicie.

Es una adquisición de origen social y que moviliza el sustrato cerebral a partir de las propias particularidades de la lengua materna.

La capacidad idiomática es el conjunto de las condiciones anatomo fisiológicas y psicológicas personales que permiten la aprehensión del lenguaje del entorno social en que se desarrolle el sujeto (E. Figueredo, 1982).

Si estas condiciones se encuentran presentes en el individuo y no tiene posibilidad de comunicación con las demás personas parlantes; entonces no asimila el lenguaje, no se le desarrollan las habilidades lingüísticas.

El oído tonal y el fonemático no tienen la misma organización cerebral. Esta cuestión resulta paradójica, ya que ambas funciones, siendo similares se establecen sobre la base de estructuras funcionales diferentes, y por tanto, zonas del cerebro que son movilizadas o no, según la relevancia que alcancen durante la estimulación social.

T. Tsunoda (1982), demostró que los sonidos de las vocales «fijas» y los tonos puros daban lugar al predominio del oído izquierdo (hemisferio cerebral derecho) mientras que las sílabas conducían al predominio del oído derecho (hemisferio cerebral izquierdo).[7]

---

7 En https://unesdoc.unesco.org/ark:/48223/pf0000074798_spa

Sólo los sujetos con lenguas natales de la Polinesia (las islas Tonga, de Samoa Oriental y maoríes) mostraban reacciones similares a las de los japoneses: predominio del oído derecho (hemisferio cerebral izquierdo) para las vocales y las sílabas y del oído izquierdo (hemisferio cerebral derecho) para los sonidos de tonos puros.

De tal manera, a mayor amplitud cultural en el proceso de socialización más recursos del sistema nervioso se movilizarán y como tal la aprehensión será más rica. En sentido contrario, de no procederse a esta estimulación tendrá lugar la pérdida de la capacidad.

Al tratar esta temática, es oportuno indicar la apreciación de F. Manes, 2016 quien al referirse a la neuroplasticidad cerebral indica que se expresa en:

"La capacidad del sistema nervioso para modificarse o adaptarse a los cambios. Este mecanismo permite a las neuronas reorganizase al formar nuevas conexiones y ajustar sus actividades en respuesta a nuevas situaciones o a cambios en el entorno".

Al efecto, es importante que se tenga en cuenta que en el desarrollo de todos los seres humanos, se manifiestan rasgos universales que constituyen indicadores de que se encuentran en condiciones de asimilar cualquier variante idiomática. Así, por ejemplo todos los niños y niñas gorjean y balbucean de forma similar. Esta idea desarrollada en el subíndice "Interacción de los analizadores en la asimilación de los sonidos del lenguaje" del capítulo II.

A manera de ejemplo: El japonés no habla japonés por ser japonés, sino por vivir en Japón. Así, si un niño de padres japoneses se desarrolla desde sus primeros días de vida en Chile, hablará español con los rasgos característicos de la cultura chilena.

La capacidad idiomática es universal, pero la falta de estimulación en un medio específico de desarrollo provoca su deterioro. Por eso es importante que se estimulen las potencialidades de capacidad idiomática, con la idea de no sólo de facilitar la adquisición de la lengua materna, sino también otras lenguas.

Hay que tener presente que el desarrollo humano puede implicar ganancias, pero también pérdidas. No se puede obviar la posibilidad de estimular desde edades más tempranas con una visión amplia de cultura humana. Facilitar aprendizajes desde edades tempranas sin precocidad y sin tardanza.

Ha quedado planteado que para la aparición del lenguaje demanda de condiciones imprescindibles: las anatomofisiológicas, psicológicas y las relaciones sociales que faciliten su internalización.

I. 5.- Sistemas de Señales

El ser humano se encuentra en constante interacción con el medio. Sobre su sistema nervioso actúan estímulos directos que dan lugar a las sensaciones, representaciones, etc. Esta relación que establece el ser humano con el medio es común a los animales y constituye el primer sistema de señales como fuera denominado por I. P. Pavlov.

En el mundo animal, este refleja la realidad circundante. Los motivos biológicos rigen la actividad y la conducta del animal. Así, los objetos y fenómenos que actúan sobre los órganos receptivos de los animales provocan acciones reflejas que les permiten acondicionarse y adaptarse al medio; de esta manera queda su existencia determinada por el resultado de esta interacción.

Con lo dicho se comprende en qué consiste la coincidencia del primer sistema de señales en el ser humano y en el animal. Ahora bien, el ser humano como ser social, pertenece a un rango superior dentro del mundo animal; consigue ir más allá de las sensaciones y las representaciones a través de la palabra, es decir, el lenguaje.

Por medio de la palabra no se hace necesaria la presencia del objeto; podemos referirnos a él en su ausencia. Esto amplía las posibilidades cognoscitivas del ser humano al poder abstraer y generalizar la realidad y de este modo salir de las situaciones concretas. En el ser humano a diferencia del animal, aparece un mecanismo superior del reflejo de la realidad circundante, propio y exclusivamente de él, se le denomina segundo sistema de señales.

Estos dos sistemas de señales son mecanismos fisiológicos especiales, a través de los cuales el ser humano entra en conocimiento del mundo circundante, apoyándose en las conexiones nerviosas, es decir, los reflejos condicionados.

Debemos advertir que la presencia en el ser humano del segundo sistema de señales implica además, una influencia directa en la actividad del primer sistema de señales que lo diferencia también del animal.

El proceso del equilibrio entre el organismo y el medio circundante tiene lugar como resultado de la recepción de distintas señales de diferente complejidad, ya sean del mundo externo o interno. Como resultado de la acción de las señales tanto los animales como el ser humano cambian las formas de adaptación a las condiciones de un medio en constante transformación.

La vida animal se ve condicionada por dos constantes factores del medio, por un lado, la búsqueda de alimentos, por otro evitar el peligro. El animal recibe información a través de señales que permiten conocer la presencia del alimento o del enemigo que lo acecha y lo aniquilaría.

Todas estas señales, que influyen directamente sobre el sistema nervioso (estímulos directos), hacen que el animal responda adecuadamente al medio en que vive y pueda orientarse correctamente.

El alimento, con su olor específico, color, y otros atributos; el enemigo que deja sus huellas a su paso, olor, emite sonidos, se hace notar, constituyen señales peculiares que dirigen la conducta animal.

Como ya se dijo, el ser humano es también portador del primer sistema de señales, el cual se diferencia por su complejidad del que poseen los animales. Él también percibe el mundo exterior a través de los órganos de los sentidos.

Aunque en esta compleja relación con el medio le resulte insuficiente este sistema para poder ir del plano biológico al social. De aquí que el ser humano, a diferencia de los animales, cuente con dos sistemas de señales que lo llevan a un ámbito superior en la cognición del mundo.

Debemos señalar que si bien ambos sistemas son importantes, el segundo, con su función rectora predominante, es el que lleva al por ser humano al pensamiento verbal, a la abstracción y la generalización. Precisamente por esto, el ser humano puede conocer el pasado, comprender el presente y prever el futuro.

El ser humano, ante todo, percibe la realidad a través del primer sistema de señales, luego interactúa con la realidad mediante el segundo sistema, de una forma mediada.

Los sistemas de señales se encuentran en constante interacción y se autocondicionan. La existencia del segundo sistema de señales se hace posible gracias a la existencia del primer sistema de señales y, a su vez, el primer sistema se somete al segundo y es reorganizado y regulado por él.

El predominio del segundo sistema de señales sobre el primero no tiene lugar de golpe, sino paulatinamente, en la medida en que se desarrolle el niño o la niña. M. M. Koltsova señaló que la palabra no asume desde los primeros momentos, en el desarrollo del niño o la niña, el papel de señal de señales.

La palabra - precisa M. M. Koltsova - puede considerarse como señal generalizadora, solamente en el caso en que ella significa, no un objeto dado, sino muchos de ellos. Una misma palabra - flor - puede ser señal de un objeto (cuando el niño o la niña reconoce una flor determinada), y concepto (cuando la palabra comienza a significar lo esencial que el niño o la niña extrajo de muchas flores vistas por él).[8]

En forma experimental, se puede comprobar que la acción de un estímulo directo es más fuerte que la influencia de la palabra en determinada etapa del desarrollo del niño o la niña. Esto se tratará con más detalle en el capítulo dedicado a la función reguladora del lenguaje y su desarrollo ontogénico.

En general, podemos decir que en los primeros años de vida, el primer sistema de señales predomina sobre el segundo, pero, con el desarrollo, pasa a un plano inferior y se supedita al segundo sistema en la actividad del niño o la niña.

Debo destacar que si bien en el ser humano prevalece el segundo sistema de señales sobre el primero, al mismo tiempo el primer sistema de señales desempeña una importante función en su

---

[8] M.M Koltsova: *El niño aprende a hablar,* p. 39.

actividad, ya que le permite comprobar en qué medida sus ideas, conclusiones y deducciones se corresponden con la realidad.

El segundo sistema de señales permite al por ser humano crear, perfeccionar y profundizar en el análisis del mundo circundante en la medida en que se encuentre correctamente relacionado con el primer sistema de señales.

Aunque el segundo sistema de señales prevalece sobre el primero en la actividad del ser humano, la interacción existente entre ambos no se manifiesta igual en diferentes sujetos. De ahí que I. P. Pavlov llamara pensantes (intelectuales) a los individuos que se someten con facilidad a la estimulación de la palabra.

En el caso contrario, cuando los individuos son sensoriales, es decir, en los que predomina la influencia estimulante de las sensaciones, les llama artistas. La formación de un individuo en uno u otro sentido se encuentra en dependencia de las condiciones en que se desarrolla este, así como su educación.

Debemos considerar que uno de los objetivos principales de la Pedagogía es lograr la formación de un individuo equilibrado desde el punto de vista de la interacción entre los dos sistemas de señales.

En este sentido, la educación sensorial desempeña una importante función, ya que ha de sentar las bases para el desarrollo del primer sistema de señales y con ello establecer las premisas necesarias para una sólida formación del segundo sistema.

De ahí, por ejemplo, que la actividad encaminada a eliminar los trastornos del lenguaje deba tener en cuenta la relación y la interdependencia entre ambos sistemas.

Desarrollar el lenguaje en el niño o la niña no quiere decir que se le facilite un número de palabras que él ha de aprender de memoria. Cada palabra que aprende el niño o la niña debe tener bien fundamentada su base sensorial inicial. De no ser así, el resultado sería la formación de un verbalismo desprovisto de la realidad, de los matices que le conceden las sensaciones, percepciones y representaciones obtenidas de los objetos y fenómenos del mundo circundante.

La palabra ha de avivar la huella de las sensaciones obtenidas anteriormente y, al mismo tiempo, proporcionar mucha más información que las sensaciones directas, al unir en sí las sensaciones propias de muchos objetos. Esto lo podremos observar con más detalle en el desarrollo ontogénico de la función de la palabra.

Es importante detenerse en que dentro del contexto de la diversidad de niños, niñas y adultos es posible encontrar la necesidad de incorporar opciones comunicacionales diferentes. Como por ejemplo, el autismo en la niñez, la afectación de la voz y habla en la esclerosis múltiple en el adulto. De tal manera se hace necesario contar con otras vías comunicacionales.

En la actualidad se ha enfatizado en la necesidad de incorporar de opciones comunicacionales denominadas sistemas aumentativos y alternativos.

La comunicación se considera aumentativa y alternativa cuando comprende opciones comunicacionales que no tiene el habla como la opción fundamental. En el lenguaje hablado se utilizan los gestos y la mímica como recursos de apoyo o reforzamiento a lo que se presente comunicar.

No hay ejemplo más evidente que el observar la cantidad de gestos automatizados que acompañan una conversación telefónica. El interlocutor no puede ver, pero eso no implica que se ausentes o disminuyan estos recursos enriquecedores, que por momento puede expresar más que miles de palabras, marcando un acontecimiento histórico o una persona en particular.

En el caso de trastornos severos del habla, acompañado por ejemplo de parálisis y ausencia de extremidades superiores la comunicación aumentativa alternativa tiene un rol relevante en el desarrollo del niño o niña. Lo que no quiere decir que no se brinde apoyos para incentivar el lenguaje hablado.

American Speech-Language-Hearing Association (ASHA)[9] al referirse al tema indica que existen muchos tipos de sistemas aumentativos y alternativos de comunicación, que generalmente se agrupan en dos categorías: con ayuda o sin ayuda.

Los sistemas de comunicación sin ayuda comprenden: gestos, lenguaje corporal, lenguaje por señales y tableros de comunicación; mientras que los sistemas de comunicación con ayuda abarcan: aparatos electrónicos, que pueden con salida de

---

[9] https://www.asha.org/

voz, pueden mostrar letras, palabras y frases, o una variedad de símbolos para construir mensajes orales o escritos.

El uso de la lengua por el individuo en el proceso verbal necesita del sustrato anatomo - fisiológico ya mencionado. Veamos en consiste el mecanismo del lenguaje.

A continuación el estudio de los analizadores, que se encuentran más relacionados con la función verbal y que actúan en absoluta coordinación como podrá observarse en lo adelante.

CAPÍTULO II.- MECANISMOS DEL LENGUAJE

II. 1.- Antecedentes Históricos

La actividad verbal es dirigida por el cerebro. El lenguaje es una de las más complejas funciones psíquicas superiores del ser humano y su existencia está determinada por el centro rector, es decir, el cerebro, con la presencia de una morfología celular específica y vías de interconexión nerviosa que hacen factible la conducción y procesamiento de la información.

En cuanto a la esencia de las funciones psíquicas y sus localizaciones, han tenido lugar diferentes tendencias interpretativas de los fenómenos relacionados con ello.

Los primeros estudios en relación con el lenguaje, que dieron luz en la comprensión de su mecanismo y organización cerebral, fueron los de los neurólogos del siglo XIX.

En 1861, Broca mostró a un enfermo que presentaba trastornos articulatorios. En el cerebro del paciente se ubicó una lesión en el tercio posterior de la circunvolución frontal inferior del hemisferio izquierdo. A esta zona, Broca la consideró centro motor del lenguaje.

De igual forma, en 1873, Wernicke, apoyándose en una serie de observaciones, llegó a la conclusión de que la región comprendida en el tercio posterior de la circunvolución temporal superior del hemisferio izquierdo constituía el centro de la comprensión del habla (centro sensorial del lenguaje).

Los puntos de vista "localizacionistas" prevalecieron en el análisis de la función verbal y en el período comprendido en esta etapa, esto constituyó un avance en la comprensión del funcionamiento del cerebro.

La presencia de factores contradictorios detectados por otros investigadores hizo decrecer el significado de estas teorías. H. Jackson (1874) y K. Monakow (1917) expusieron casos donde se observaban dificultades o trastornos articulatorios (afasia motriz), y no se apreciaban lesiones en el tercio posterior de la circunvolución frontal inferior.

E. Lenneberg (1967) presenta resultados de las observaciones de la afasia infantil por lesiones cerebrales en los primeros años de vida. Argumentando a favor de la equipotencialidad de ambos hemisferios. Con el desarrollo tendría lugar la diferenciación funcional de los hemisferios cerebrales.

Es relevante resaltar, que el citado autor devela que la equipotencialidad funcional de los hemisferios cerebrales se extiende por más tiempo durante el desarrollo de la comprensión, que de la expresión. La programación expresiva se lateraliza antes que la función comprensiva. Se observa mayor prolongación de capacidad cerebral para la decodificación de diferentes expresiones idiomáticas.

Al mismo tiempo, la lateralización para el desarrollo del lenguaje se vincula a la socialización del niño o la niña o niña. Se pudo constatar mayor lateralización del lenguaje en sujetos con sordera después de los tres años de vida, que en casos anteriores a la edad indicada (Marcotte y Morere, 1990).

De forma general quedan expuestas dos tendencias: localizacionistas y antilocalizacionistas, que a lo largo de los siglos XIX y XX se mantienen como opuestas en la comprensión de la actividad cerebral y su organización, una dirigida a relacionar los procesos psíquicos aislados con determinadas zonas del cerebro y otra encaminada a establecer un todo único funcional en la actividad cerebral.

Tanto una como otra tendencia han contribuido a la comprensión de la esencia de la actividad cerebral y permitieron ahondar en los conocimientos acerca de la estructura y composición del cerebro, su funcionamiento y las posibilidades de rehabilitación de la actividad cerebral afectada.

Estas teorías dieron lugar a que, con posterioridad, se constituyera un sistema de conocimientos sobre la actividad fisiológica del cerebro, es decir, los estudios realizados por los científicos rusos I. M. Sechenov e I. P. Pavlov.

Para dar una correcta explicación científica a las funciones cerebrales y sus localizaciones se hicieron necesarios los principios de las leyes reflexológicas del trabajo de los grandes hemisferios cerebrales, aportados por I. M. Sechenov y, más tarde, profundizados por I. P. Pavlov en sus estudios sobre las leyes de la actividad nerviosa superior.

Sus criterios sobre la localización dinámica de las funciones cerebrales resultan muy valiosos. Él aceptó el significado operacional específico de las diferentes zonas de la corteza cerebral en relación con determinadas funciones, pero lo llevó al plano de la relación anatomofisiológica.

Formuló un principio de relación funcional que comprende no la actividad aislada de determinados centros, sino un sistema dinámico, donde en la formación de las distintas funciones participan diferentes zonas del substrato cerebral.

La formación de los centros principales tiene lugar sobre la base de los mecanismos de los reflejos condicionados, formados en la relación del organismo con el medio.

El concepto mecánico y limitado en su localización de centro, fue cambiando por el del analizador como un complejo sistema que hace posible la actividad cognoscitiva. Este analizador es a su vez dividido en tres partes:

1. Parte central (el núcleo).
2. Las vías encargadas de llevar los impulsos nerviosos.
3. El receptor.

El lenguaje se desarrolla acorde con las leyes reflexológicas y se encuentra en relación con distintas zonas del cerebro, las que a su vez, se vinculan estrechamente a través de membranas asociativas.

Entre las partes correspondientes a diferentes analizadores; aparecen zonas intermedias, interfuncionales que aseguran el carácter funcional único del cerebro, aunque presenta una estructura funcional diferenciada.

Para el autor citado con anterioridad está claro que la corteza de los grandes hemisferios cerebrales representa un mosaico de complejas funciones de elementos separados, cada uno de los cuales tiene una acción fisiológica específica positiva o inhibitoria. Por otra parte, indudablemente, todos estos elementos se encuentran unidos en todo momento en un sistema, donde cada uno de los elementos se relaciona con los demás.[10]

Actualmente, las teorías de I. P. Pavlov sobre la localización dinámica de las funciones cerebrales han sido enriquecidas por los aportes de D. K. Anojin, A. R. Luria, A. N. Leontiev y otros.

En los trabajos de A. R. Luria, se ve reflejado el principio del sistema dinámico funcional en la actividad cerebral. Las funciones psíquicas son el resultado de la actividad social del ser humano. Estas, a su vez, se han constituido en complejos sistemas funcionales. De hecho queda expuesta su negación a cualquier intento por ubicar centros limitados:

"Se puede suponer - dice Luria - que la base material de los procesos mentales es todo el cerebro en conjunto, pero el cerebro como sistema altamente diferenciado, cuyas partes garantizan los diversos aspectos del todo único."[11]

Las nuevas fundamentaciones hicieron cambiar el concepto de función al referirse a las funciones psíquicas superiores. Empezaron a comprenderse como un complejo y plástico sistema destinado a cumplir una tarea determinada y asegurado por un complejo de actos intervinculados que, al final, conducen al logro del efecto psicosomático deseado.

En el sistema funcional verbal se implica, de forma rectora, todo el córtex cerebral sobre la base de las operaciones desplegadas por diferentes zonas de programación (frontal), de ejecución cinético - cinestésica del acto motor verbal (fronto - parietal) y de recepción, reconocimiento, retención y comprensión (temporo - occipito - parietal).

A partir de la localización de zonas cerebrales efectuada por Brodmann, podemos comentar las vinculadas el sistema funcional verbal, teniendo presente la imagen y la tabla siguiente que presentan las áreas y diferentes actividades relacionadas con la función verbal y su localización según el citado autor.

---

[10] I. P. Pavlov: *Obras completas*, t. III, p. 254.

[11] A. R. Luria: *Las funciones corticales superiores en el por ser humano*, p. 37.

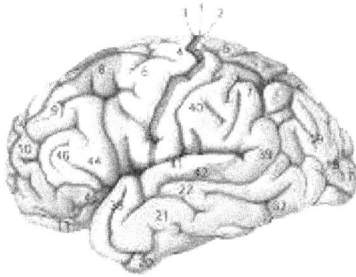

Imagen. 1.
Fuente: *https://www.psicoactiva.com/blog/las-areas-brodmann-localizacion-funcion/*

Tabla 1. **Sistema Funcional Verbal**

Operatoria	Áreas de Brodmann
Programación	9,10 y 11
Realización coordinada de los movimientos articulatorios de la zona de la cara, laringe, faringe y respiratorios (eferentación). Cortex premotriz	6,8,44 y 45 (parte)
Registro de la experiencia motora para facilitar su organización automatizada y armónica de los movimientos voluntarios	6, parte de 8
Desde esta zona salen las órdenes de los movimientos voluntarios hacia las neuronas localizadas en la médula espinal. Realización efectora final de los movimientos voluntarios	4
Comparación de la experiencia previa para reconocer objetos con la mano, por ejemplo, sin necesidad de verlos (aferentación). Cortex postcentral	5 y 7

Operatoria	Área de Brodmann
Integración e interrelación de la información sensitiva, auditiva y visual, vinculada al análisis y síntesis auditivo correspondiente al área de Wernicke	17
Integración de la información visual y su comparación con experiencias previas	18 y 19
Integración e interrelación de la información sensitiva, auditiva y visual. En el hemisferio dominante se trata del área de Wernicke implicada en el análisis y síntesis de los estímulos auditivos verbales	40, 41, 22 y 21 (parte)
Memorización de estímulos auditivos verbales	21 y 37
Comprensión de estímulos auditivos sucesivos dentro una estructura sintáctica	39, 40 y 37

De tal manera se perfila el sistema funcional verbal más allá de las áreas de Broca y Wernicke. Se trata de un sistema funcional en la que sobresalen la programación, la motricidad, la audición y visión.

La influencia que tiene la visión queda reflejada en la interacción visual – táctil con los objetos y la orientación espacial. Integración e interrelación de la información sensitiva, auditiva y visual.

La iniciativa por verbalizar activa las áreas frontales, para que tenga lugar la actividad motriz verbal por medio de impulsos nerviosos descendentes (eferentaciones cinéticas), bajo la retroalimentación del logro preciso del movimiento articulatorio (aferentaciones cinestésicas). Así como la recepción auditiva de las sonoridades verbales y el control sobre las propias verbalizaciones.

II. 2.- Actividad Motriz Verbal

El proceso de emisión verbal comprende distintos momentos. Tiene su comienzo con la aparición del motivo y la idea, pasando luego por varias etapas hasta terminar con la realización fonética o sonora. El encargado de efectuar este proceso, con sus correspondientes eslabones, es el analizador motor verbal.

El motivo se expresa en la intención de generar enunciados que parten de una idea que ha de formularse de forma programa y sucesiva por medio de verbalizaciones.

En caso de lesiones frontales, por ejemplo, la persona pudiera hablar, pero no lo intenciona, presentándose "ensaladas de palabras" y expresiones ecolálicas (repetición de lo escuchado).

La generación de enunciados como proceso de tránsito de la idea a la palabra se abordará en el capítulo VII de este libro.

El analizador motor verbal está compuesto por tres partes: la central, las vías piramidales y la parte periférica. A su vez, la periférica está compuesta por tres sistemas: el sistema respiratorio (energético), el sistema fonador (vocal o generador) y el resonador. A diferencia del centro, la periferia recibe el nombre de zona de los efectos verbales. Para que se obtenga este efecto es necesario que todos los sistemas trabajen de forma sincrónica, cualquier alteración en uno de ellos puede dar lugar a que no se realice el programa deseado.

La codificación tiene su fase inicial en la parte central, con la programación de los enunciados. Parten los impulsos nerviosos de la zona de Broca. Se observan dos eslabones: el eslabón de selección de las palabras en la memoria de larga duración; en él tiene lugar la síntesis de las unidades verbales con el significado con una configuración sintagmática coherente, y el eslabón de selección de los sonidos que componen la palabra.

Para que la pronunciación sea realizada de acuerdo con lo pensado, debe llevarse a cabo en la corteza la selección de los correspondientes comandos con el objetivo de organizar los movimientos verbales. Esta selección tiene lugar en un orden exacto y de forma consecutiva. Estos comandos obtenidos reciben el nombre de programa articulatorio organización cinético – cinestésica.

De lo anterior se deduce que seleccionar el significado de la palabra y los comandos motores no significa lo mismo. Para que los comandos puedan lograr sus objetivos es necesario que las señales no se equivoquen y vayan en la correspondiente secuencia; ellas deben ser realizadas en el mismo orden que son emitidas. En este hecho se produce un cambio de señales o codificación, a nivel central tenemos impulsos nerviosos y en la periferia tenemos movimientos.

La unidad mínima del programa articulatorio es la sílaba como unidad de la pronunciación. Un ejemplo de esto es que no hablamos sonido a sonido. Ejemplo: /m_a_m_á/, sino /ma-má/. Desde este punto de vista; la palabra y la oración se toman como una secuencia de sílabas, aunque el articulema es la unidad del lenguaje expresivo.

Si analizamos la comunicación desde el punto de vista de las pausas que tienen lugar al hablar, observamos que hay palabras entre las que se producen estas pausas fonéticas, precisamente en los límites del sintagma y surgen como períodos momentáneos en los cuales se prepara el siguiente programa articulatorio.

El tiempo necesario para la emisión de cada sílaba es igual, exceptuando la sílaba acentuada. En los casos de trastornos verbales donde se ve afectada la velocidad de la emisión, como son las bradilalias (emisión lenta) y las taquilalias (emisión rápida), las sílabas son emitidas con más rapidez o con más lentitud que lo normal.

En el caso de la tartamudez una de las sílabas puede ser pronunciada con retardo y las otras en el tiempo normal o más rápidamente.

Cuando se afecta la coordinación verbal, los estereotipos silábicos se trastornan y la emisión pierde su fluidez, realizándose de una forma discontinua, por ejemplo, en la tartamudez.

Se puede señalar, que en el análisis de la tartamudez, autores como el especialista checo M. N. Seeman ven un rompimiento de la coordinación de todos los movimientos que participan en el acto de emisión (articulatorios, fonatorios y otros).

En el analizador motor-verbal, además del sistema de emisión verbal de los signos sonoros existe otro sistema de admisión y control de los movimientos verbales, es decir, el sistema de conexión de retorno, el cual no participa solamente en el acto verbal; apoyándose en él trabaja todo el organismo humano.

A partir de lo expuesto se comprende que el mecanismo verbal consta de dos partes: una dada por los impulsos que van desde el centro a la periferia (vía eferente), y otro que va de la periferia al centro (vía aferente).

La eferentación consiste en la realización fluida de inervaciones y denervaciones de músculos implicados en el acto motor verbal, a partir de comandos originados en el córtex premotriz. Se concibe la melodía cinética articulatoria; su realización sucesiva en el tiempo.

Ante una afectación de la eferentación los impulsos nerviosos facilitan la inervación de los músculos correspondientes al programa articulatorio deseado, pero no ocurre la denervación, es decir, se persevera en el mismo programa articulatorio, aparecen repeticiones de sonoras. Se altera la fluidez articulatoria.

El córtex postcentral responde por la aferentación de los movimientos, se hace factible su realización exacta. Sobre la base de las señales que van por esta vía se crean las imágenes de las articulaciones y, a través de ella, se obtiene la posibilidad de realizarlos en lo sucesivo.

Se puede observar que en caso de lesiones cerebrales postcentrales, la persona puede articular, pero en el sonido que se pretende articular es sustituido por otro.

Precisamente, esta sistematización en la organización de los movimientos verbales es lo que se denomina estereotipos dinámicos, necesarios para la ejecución del acto verbal. Se establece una red espacial que permite la inervación precisa de los músculos implicadas en el programa motor verbal deseado.

Cuando se afecta este mecanismo los impulsos nerviosos confunden su destino y en lugar de una articulación se obtiene otra, es decir, se registran sustituciones de sonidos de similar complejidad acústica.

En la actividad del analizador motor-verbal unos impulsos van, como hemos visto, del centro a la periferia (vía eferente), y otros van de la periferia al centro (vía aferente). Los comandos motores, productos de la actividad eferente son fijados en el centro del cortex cerebral por la aferentación, dando lugar a la formación de los esquemas experienciales de los movimientos verbales.

La conexión de retorno, en calidad de mecanismo de retroalimentación, ocurre por dos vías: por vía auditiva y por vía cinestésica (aferentación). Por medio de ellas se efectúa la regulación automática de los movimientos de los órganos del lenguaje en correspondencia con el programa de emisión.

En la regulación antes expuesta, la aferentación cinestésica desempeña la función inicial, ya que esta actúa con más rapidez que el control auditivo. El control cinestésico facilita un mecanismo de antelación que permite percatarse del error de emisión, antes que el control auditivo participe ya que tiene lugar en el momento de la emisión. El auditivo, por el contrario, actúa después de realizada la acción verbal. Se trata de un control sobre un efecto sonoro ya ejecutado.

Se puede concluir diciendo que la actividad motriz verbal tiene lugar a partir de la iniciativa que tiene lugar con la participación del cortex frontal, así como la eferentación de los comandos y los movimientos verbales se encuentran a nivel central; asegurados por la actividad del área premotriz (Broca), y que la regulación del habla se ve asegurada por la postcentral. Todas en una coordinada interacción.

II. 3.- Analizador Auditivo Verbal

La actividad realizada por este analizador tiene como objetivo la recepción de la emisión verbal del que habla, así como el control de las emisiones verbales propias.

Nuestro lenguaje es percibido por el mismo aparato auditivo que se ocupa de la recepción de cualquier tipo de sonido.

El oído fonemático, presente en el ser humano, tiene como función el análisis y síntesis de las verbalizaciones, se adquiere. La especificidad del oído fonemático se encuentra en que realiza el análisis y la síntesis de los signos verbales provechosos de la lengua materna y sobre la base de los cuales se diferencia una palabra de otra.

Podemos decir que las emisiones verbales se escuchan como un flujo cerrado único, pero percibimos este flujo como algunas unidades separadas. Aquello que se acostumbra a nombrar el mismo sonido, en cada palabra se sonorifica de manera distinta, en dependencia de los sonidos que lo rodean.

Así, la diferencia de la /b/ de bola y la /b/ de lobo (oclusiva y fricativa respectivamente), no constituye una característica realmente diferencial, las percibimos como el mismo sonido (fonema /b/). A los sonidos con sus correspondientes características que realizan la función de diferenciadores de la palabra se les denomina fonema. L. V. Sherva definió el fonema de la siguiente manera:

"En el lenguaje vivo se pronuncian muchos más sonidos que los que nosotros creemos, los diferentes sonidos que existen en una determinada lengua se reúnen en un grupo de tipos de sonorizaciones, capacitados para diferenciar las palabras y sus formas, es decir, que sirven a los objetivos de la comunicación humana; a estos tipos de sonorizaciones se les denomina fonemas."[12]

Los fonemas en la palabra sufren variaciones en sus propiedades acústicas en dependencia de sus combinaciones y posiciones de los sonidos en esta. Entre estas propiedades acústicas, una de ellas es la principal y cede menos a las posibles variaciones bajo la influencia de los sonidos próximos; esta variante principal del fonema se encuentra presente en su emisión aislada.

Cada fonema tiene características constantes por medio de las cuales los reconocemos y contraponemos. Estas características que permiten diferenciar el significado de las palabras son las que se denominan fonemáticas. Las zonas secundarias del córtex temporal hacen posible la gnosis auditiva.

En cada lengua existe un grupo de características que permiten diferenciar un sonido de otro. Existen idiomas, como el alemán, en que la prolongación del sonido tiene un valor diferencial, sin embargo, en el idioma español esto no tiene ningún valor.

---

[12] *V. I. Beltiukov: Interacción de los analizadores en el proceso de percepción y asimilación verbal del lenguaje, p. 23.*

La función diferencial - ideativa que realiza el fonema en la palabra la deja de ejercer y pierde su propiedad de fonema como tal fuera de ella. La palabra toma en la oración su significación real y concreta. Ejemplo: la palabra saco que ha sido determinada a diferencia de la palabra taco, define su significado real en la oración el saco de salir de Héctor y no el saco de papas que Jorge compró ayer.

A este nivel de comprensión, la unidad mínima es la palabra como unidad mínima de la lengua con significado, que a su vez necesita de las combinaciones con otras para lograr su definición ideativa teniendo en cuenta las reglas que rigen el idioma dado.

De esta forma se deja verdaderamente expuesto el pensamiento deseado. Aquí se observa la relación existente entre el nivel de desarrollo intelectual y la impresión verbal. Ejemplos de estructuras:

- **Guagua**
- La toma la **guagua**
- A la **guagua** se sube por detrás
- En Chile se llama micro a lo que en Cuba se llama **guagua.**

Cada uno de estos enunciados necesita para su comprensión mayor dominio del lenguaje y orientación en el medio de las formulaciones verbales y experiencia personal.

La percepción del lenguaje (primer nivel de análisis verbal), permite realizar el análisis y la síntesis de los sonidos y sílabas. El nivel de comprensión (segundo nivel de análisis verbal), permite realizar el análisis y la síntesis del pensamiento.

II. 4.- ¿Cómo se Efectúa la Recepción?

La información sonora llega de inicio a la periferia donde tiene lugar el primer análisis acústico (Ver figura 4). El oído externo y medio llevan las ondas sonoras al oído interno, donde estas estimulan las células nerviosas auditivas de la membrana principal del órgano de Corti, el cual tiene como función la recepción de las ondas sonoras.

Aquí tiene lugar la transformación de la energía de las ondas sonoras en excitaciones nerviosas. Las vías conductoras son las encargadas de llevar los impulsos nerviosos al centro cerebral del análisis auditivo ubicado en la región temporal, donde se efectúa el análisis y la síntesis de los estímulos acústicos.

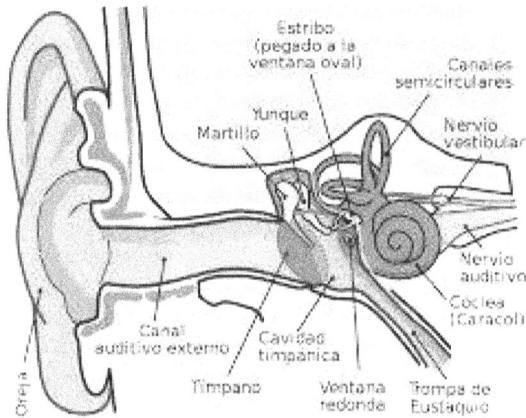

Imagen 2. Oído

Fuente: Oído - Wikipedia, la enciclopedia libre
es.wikipedia.org

El proceso de análisis y síntesis de estas señales, que llegan a la corteza cerebral es posible producto del reconocimiento que tiene lugar a partir de la comparación de estas señales con los patrones o imágenes conservados en la memoria de larga duración. Es necesario reconocer el conjunto de señales como un todo, y por esto podemos retener en la memoria de corta duración las señales, hasta que sea recepcionada la última de ellas.

Luego debemos confrontar este conjunto de señales con aquellos patrones de las palabras que se encuentran en la memoria. Si en la experiencia pasada tuvo lugar la estimulación que tiene lugar, entonces se reconoce la palabra escuchada.

Debemos señalar que el análisis y la síntesis de los sonidos percibidos se efectúan no solamente con la ayuda del analizador acústico; experimentalmente se ha demostrado que la percepción del lenguaje hablado se efectúa también con la participación necesaria del analizador motor verbal. A nivel central se establecen conexiones entre las imágenes acústicas y motrices, que permiten separar y diferenciar exactamente un sonido de otro.

El aparato sensorial del lenguaje funciona en estrecha relación con el aparato motor, formando un sistema funcional único. El trabajo desplegado por el analizador auditivo se apoya en el sistema de cinestesias activadas a partir de las palabras que se recepcionan.

La percepción de las verbalizaciones es un proceso activo. Al recibir la información verbal tiene lugar la anticipación, el pronóstico de lo que será dicho o emitido, logrando de esta forma un modelo particular, propio de comunicaciones. Más bien escuchamos que oímos.

En la medida en que llega la información verbal, se va confrontando con el modelo preparado y es sometida a elaboración; como resultado final se alcanza la comprensión de la idea expuesta.

El pronóstico o anticipación de la información recibida tiene un carácter probable, es decir, se basa en la posibilidad de aparición de uno u otro eslabón en la comunicación desarrollada.

Semejante género de probabilidad se encuentra condicionado por las características combinativas y estáticas de las verbalizaciones (el poder unir unos u otros fonemas, morfemas, palabras y la frecuencia con que son utilizados en la comunicación).

De igual forma influye la situación, en el sentido más amplio de esta palabra. Conjuntamente con esta, se define por el tema de la conversación, por el contenido actual o anterior de la comunicación, se tienen otros tipos de elementos no verbales como son el lugar en que se produce la comunicación, la personalidad del individuo que en ese momento la ha iniciado, los movimientos acompañantes de las verbalizaciones (mímica facial, la gesticulación, la pose, entre otras).

Por ejemplo, al recepcionar el enunciado "no juegues con fuego" el interlocutor infiere que se trata de una alerta cuando se encuentra maniobrando con fuego o se trata de una advertencia sobre un peligro eminente. Fuera de la situación de diálogo, es necesario recibir más información para llegar a decodificar lo que se enuncia. Efectivamente, se trataba de una advertencia ante una decisión en cuanto a relaciones sociales.

Además de los elementos exteriores de la conversación (contexto y movimientos acompañantes) en relación con el que escucha, el carácter de la percepción verbal depende en gran medida del elemento interior, el cual se define por la experiencia anterior del interlocutor, sus ideas, sus gustos e intereses.

La función del contexto y de la situación en el sentido amplio señalado, es sobre todo importante en los casos en que la comunicación se dificulta (ruidos), o cuando existen distorsiones en la recepción de la conversación (interferencias en la conversación telefónica, en los casos de trastornos auditivos, etc.).

Entre lo que se pretende comunicar y lo que se entiende hay una relativa distancia que en más de una ocasión se observa no es vencida entre los interlocutores, lo que lleva a una ruptura total en la comunicación. Sin embargo, en otros casos donde predomina un gran conocimiento interpersonal y empatía apenas unos pocos recursos verbales resultan suficientes para lograr la transferencia de ideas.

La comunicación verbal de hace óptima cuando se logra decir mucho con poco. De esto da fe la maestría de los profesionales de la palabra y la experiencia popular. Ejemplos:

➢ Ser o no ser (W. Shakespeare)
➢ Sólo sé que nada sé (Sócrates)
➢ Patria es humanidad (José Martí)
➢ Más vale tarde que nunca (popular)

La percepción del lenguaje hablado supone la presencia en la memoria de las imágenes verbales de los correspondientes fonemas, morfemas, palabras y de las correspondientes estructuras sintácticas.

Si al nivel del fonema la base de estas imágenes son los estímulos auditivos y cinestésicos, que se relacionan con la impresión y la reproducción de los fonemas, en los niveles morfológicos, léxico y sintáctico la imagen se caracteriza no solo por su estructura acústico-cinestésica, sino también por su significado léxico-gramatical presente. La presencia de estas premisas es necesaria para el reconocimiento de lo escuchado en el proceso de percepción.

El reconocimiento de unas u otras unidades verbales es el resultado de la confrontación de las señales verbales recibidas con las imágenes presentes en la memoria en relación con la solución adoptada, respecto al contenido de la información.

En el proceso de percepción estas soluciones pueden tener un carácter preliminar; más tarde pueden desecharse o cambiarse. Bajo la influencia de la información recibida con posterioridad. Veamos un ejemplo en el contexto de la cultura cubana: ¨Ellos compraron dos gomas...¨ (parte inicial del enunciado) ¨para que los niños tengan con que borrar¨ (parte final del enunciado).

El que ha recibido la parte inicial del enunciado puede entender que se trata de la adquisición de dos neumáticos, pero al escuchar la segunda parte, y comprobar el error, se elimina la decisión tomada, corrigiéndola: no gomas (neumáticos) para el vehículo, sino el medio que se utiliza para borrar.

En este ejemplo se observa que en el proceso de percepción, no solo tiene lugar el pronóstico de las siguientes emisiones de la comunicación sobre la base de las anteriores, sino también la corrección de las decisiones preliminares tomadas apoyándose en las emisiones posteriores.

De esta forma, en el proceso de percepción verbal, tiene lugar tanto la conexión directa como la de retorno. Se considera que la unidad mínima en relación con la toma de decisión es la palabra.

II. 5.- Interacción de los Analizadores en el Proceso Verbal

Como sabemos, la actividad verbal la participación y la interacción existente entre los distintos analizadores no es igual y no tiene igual valor para el desarrollo de la función verbal.

El desarrollo de la capacidad perceptiva tiene lugar desde edad temprana. Las investigaciones experimentales indican que en los primeros meses de vida fetal pueden reaccionar a los estímulos auditivos, incluyendo los del habla (Nazzi, Jusczyk y Johnson, 2000).

Ya G. Fant (1970), V. I. Beltiukov (1964) y otros R. Jacobson (1980) argumentaban que en la percepción del habla no depende de la articulación. R. Jacobson en calidad de seguidor se apoyó en un caso descrito de un niño anártrico, que podía comprender sin que se registrara ningún tipo de movimiento.

No obstante, la práctica muestra que en el período de formación del lenguaje del niño o la niña, se diferencian mejor auditivamente aquellos sonidos que se encuentran mejor pronunciados, que aquellos que no lo están, aunque los primeros puedan ser, acústicamente, más complejos que los segundos. La diferenciación auditiva de los sonidos se consolida con la pronunciación.

De tal manera, en el proceso verbal los analizadores motor verbal y auditivo verbal, se encuentran íntimamente relacionados formando un sistema único funcional. La emisión verbal no se puede realizar sin su recepción auditiva;[13] de igual manera el analizador motor- verbal participa en la recepción auditiva.

Las afectaciones auditivas, existentes antes o en el período de desarrollo del lenguaje, se verán reflejadas en la medida del grado de deficiencia en el desarrollo de la función verbal.

En sentido contrario, también se puede observar que el estado de la función auditiva en los niños se encuentra en dependencia del grado de dominio de la actividad motriz verbal.

_____

[13] *Nota del autor: Se excluyen los aprendizajes en caso de necesidades educativas especiales y en el que se utilice la vía visual y motriz para asimilar el lenguaje hablado.*

Se ha podido observar en la práctica que los niños hipoacúsicos pueden diferenciar mejor, sonidos de composición acústica más compleja si se encuentran diferenciados en su pronunciación.

Aquí se observa la dependencia de la función auditiva del nivel de activismo motor verbal. Se puede decir que, sin duda, se perciben mejor aquellos sonidos que se pronuncian correctamente y, a la vez, se pronuncian aquellos que percibimos.

Por lo dicho anteriormente se aprecia que existe una interacción entre ambos procesos (auditivo y motriz). Esta interacción se encuentra presente, tanto en la realización articulatoria como en la actividad perceptiva de los sonidos del lenguaje.

Experimentalmente se ha demostrado que, en el momento de la percepción de las verbalizaciones, los órganos articulatorios se encuentran en estado activo, lo que resulta observable visualmente.

La percepción auditiva de las verbalizaciones bajo la suposición de lo que será dicho (mecanismo de pronóstico). El sujeto puede confundir los sonidos y, sin embargo, percibir correctamente las palabras en las que se encuentran estos sonidos. Aquí se puede ver una divergencia entre la posibilidad de una correcta pronunciación de los sonidos y la posibilidad de captación de estos.

La asimilación de la pronunciación de los sonidos comienzo por la producción de articulaciones aproximadas en correspondencia con los elementos significativos del lenguaje (palabras, frases), después, sobre la base del todo, se definen los elementos por separado (sílabas, sonidos), lo que da lugar a la puntualización de las imágenes generales. Esto ocurre bajo el propio control auditivo que permite que conserva el adecuado modelo a seguir durante la aprehensión del lenguaje hablado.

El proceso de percepción del lenguaje se realiza globalmente, luego se especifican, se definen los elementos. Este análisis se lleva a cabo con la participación directa del componente motor, que en dependencia de su formación puede frenar o facilitar la percepción del lenguaje.

De esta manera, se resalta un aspecto de significativa importancia en el desarrollo psíquico, es decir, el tránsito del todo a la parte en el proceso de cognición del lenguaje, así como el carácter activo del interlocutor en el proceso de decodificación de las verbalizaciones.

Los movimientos verbales en el proceso de la percepción, argumentando que su participación es doble: como activador o inhibidor de las posibilidades diferenciales de la audición, ya que el reconocimiento auditivo de los sonidos depende del grado en que estén diferenciados en la pronunciación del que percibe.

En la generación de apoyos a las necesidades educativas en el área verbal, se considera relevante que en la ejercitación motriz se favorezca el desarrollo de la audición verbal, a través de ejercicios comparativos de sonidos: ejercitación fonemática.

En este caso, según V. I. Beltiukov el objetivo del desarrollo de la función del analizador motor – verbal (formación y corrección de la pronunciación), se puede ver desde dos puntos de vista: el de la formación y corrección del lenguaje para que sea comprendido por los demás, y como la capacidad de este para actuar de medio compensatorio en la propia percepción.

Se entiende por esto la participación fortalecedora del componente motor en la percepción del habla como ya hemos señalado. La ejercitación específica de la audición fonemática resulta importante.

De lo dicho hasta aquí se puede comprender la importancia de la etapa de diferenciación sonora (ejercitación del oído fonemático) en la corrección de los trastornos de pronunciación.

Así podemos ver que las imágenes auditivas y motrices se encuentran íntimamente relacionadas en el desarrollo fisiológico. De forma similar, en casos de insuficiencias en el desarrollo verbal se establece una conexión especial entre ambos analizadores.

Si normalmente esta conexión contribuye a la formación de las imágenes acústicas, ante las insuficiencias sucede lo contrario, las imágenes articulatorias indefinidas borran los límites entre las características diferenciales de los sonidos y con ello su diferenciación perceptual, frenando este proceso y dando lugar a la aparición de complicaciones de un carácter secundario en la diferenciación auditiva de los sonidos.

La práctica de atención a las necesidades educativas verbales evidencia que pueden originales (primarias) o desencadenadas (secundarias). En los casos de trastornos articulatorios aparecen los fonemáticos de carácter secundario. Para poder realizar un diagnóstico diferencial y establecer cuál es el primario y cuál es el secundario, es necesario conocer las propiedades acústicas y articulatorias de los fonemas.

Si un par de sonidos cercanos por su articulación y contrapuestos por sus características acústicas no se delimitan en la pronunciación y no son diferenciados auditivamente, entonces los trastornos fonemáticos tienen un carácter secundario. Cuando los sonidos que no se diferencian son acústicamente complejos, el trastorno fonemático tiene un carácter primario.

Se precisa que las insuficiencias fonemáticas de carácter primario, la diferenciación de los sonidos se ve afectada dentro de todo el sistema sonoro de la lengua. Cuando el trastorno es de carácter secundario se afectan sobre todo aquellos sonidos que no se diferencian en la pronunciación.

Para concluir, hay que señalar que el oído fonemático puede afectarse en el orden primario o secundario, lo que demanda un diagnóstico diferenciado y en consecuencia la generar el programa de apoyos. La metodología para su ejercitación se presenta en libro Progresión de Aprendizajes Básicos: Una perspectiva Ontogénica en el capítulo, capítulo V.

II. 6.- Interacción de los Analizadores en la Asimilación de los Sonidos del Lenguaje

La interacción de los analizadores en el proceso de asimilación de los sonidos del lenguaje es una cuestión de mucha actualidad. Sabemos que la aparición de los sonidos, y del lenguaje, se encuentra en dependencia del estado de funcionamiento óptimo de los analizadores auditivo y motor.

Además, debemos señalar que en el transcurso del desarrollo asimilativo de los sonidos, se establece una interacción tal entre los dos analizadores que, al mismo tiempo, frenan y facilitan el desarrollo de ambos.

En la práctica, se puede observar a partir del hecho de que sonidos de fácil asimilación acústica como /r/ aparecen tardíamente en el lenguaje expresivo, opuestamente, sonidos de difícil diferenciación acústica como /p/ y /b/, aparecen antes en el lenguaje expresivo.

Los primeros sonidos que emite el niño o la niña se encuentran en relación con los actos de succión, masticación y deglución de los alimentos. Así, uno de los primeros sonidos que se observan en el lenguaje del niño o la niña son las bilabiales /p/ y /b/, sin embargo, resultan acústicamente complejos. De aquí se deduce que es posible la diferenciación auditiva de los sonidos en edad temprana.

De esta forma, la discriminación de las características acústicas de los sonidos, a partir de las cuales se realiza la contraposición de los sonidos verbales se manifiesta en el período inicial del dominio de la pronunciación.

El analizador auditivo del niño o la niña ya está preparado en este período para la diferenciación de todos o casi todos los sonidos y sobre esta base puede aparecer en la pronunciación cualquier sonido, pero esto no tiene lugar por no haber madurado el analizador motor-verbal y quedar rezagado con respecto al auditivo. El analizador motor- verbal exige un período más largo (tres- cuatro años) de maduración.

El lenguaje se desarrolla en el proceso comunicativo, que es el principal estímulo de su evolución. En la comunicación intervienen como mínimo dos personas, el que habla y el que escucha; ambos interlocutores pueden intercambiar sus papeles: el que habla ocupa el lugar del que escucha y viceversa.

El niño o la niña también ha de intercambiarlos. Aquí se establece una contradicción entre la necesidad de hablar del niño o la niña, de introducirse en el proceso activo de comunicación, y los recursos limitados de sonidos asimilados.

Las imágenes articulatorias que aparecen ante el niño o la niña en el lenguaje ajeno le resultan imposible de realizar, el niño o la niña se ve en la necesidad de cambiarlas por otras cercanas por su articulación. De esta forma él consigue participar activamente en la comunicación, mediante el establecimiento de un sistema de sustitutos que le permite hacerlo con sus propios recursos.

Por lo regular, el sonido sustituido y el sustituto resultan ser opuestos acústicamente, lo que constituye un estímulo para que el niño o la niña busque aquella posición articulatoria que se corresponda con el sonido percibido en el lenguaje ajeno.

Este paso se realiza de forma paulatina; va de los movimientos más simples a los más complejos. Aquí se observa la función del analizador auditivo como estimulante constante hacia el logro de la correcta pronunciación. Por supuesto, este paso está determinado al mismo tiempo por las posibilidades articulatorias.

De este modo podemos ver que, en primer lugar, el sistema de sustitutos satisface las necesidades comunicativas del niño o la niña y en segundo lugar, le facilita al analizador motor funcionar normalmente hasta lograr su maduración.

Debemos señalar que la aparición de los sonidos en el lenguaje del niño o la niña se encuentra en dependencia de las posibilidades del analizador motor-verbal. A. N. Gvozdev fue criticado por considerarse que sobrevaloraba la función del analizador motor-verbal en el proceso de asimilación de la pronunciación, con respecto a la función del analizador auditivo.

Así, para él la asimilación del aspecto fónico del idioma depende principalmente del desarrollo de la esfera motriz verbal. Como ya sabemos, cuando el niño o la niña comienza a hablar, su analizador auditivo se encuentra preparado para la diferenciación de todos los sonidos del lenguaje. Si esto no tiene lugar es porque el niño o la niña no está preparado desde el punto de vista articulatorio para realizarlo.

El dominio de la pronunciación tiene lugar en la medida en que se desarrolla la función del analizador motor- verbal. Exponiendo esta idea, este autor no desconoce el analizador auditivo. Las articulaciones verbales se forman bajo la estimulación y control del analizador auditivo.

Por otra parte, se puede pensar que los sonidos que aparecen antes en el habla del niño o la niña se encuentran en relación con la frecuencia en que sean utilizados en el habla.

Según V. I. Beltiukov los primeros sonidos que aparecen en el lenguaje del niño o la niña, por ejemplo /p/ y /t/, tienen una frecuencia media de uso similar a la de los sonidos /r/ y / l / que aparecen más tarde (los primeros 1,5%, los segundos 1,84%).

En la obra de R. Jacobson "Why mama and papa", se analiza la tabla de familia de palabras expuestas por D. Miedok. En ella se observa la presencia de similitudes estructurales en los elementos de idiomas no relacionados. R. Jacobson explica este hecho afirmando que la conducta de los mayores en relación con los niños es el resultado de la interacción entre los niños y ellos.

El que habla trata de ajustarse a los hábitos verbales presentes en el niño o la niña, en busca de un código general que facilite el diálogo, la comunicación con él. De esta forma, las primeras palabras que aparecen en el lenguaje del niño o la niña son aquellas que facilitan establecer el contacto con el niño o la niña, se emplean aquellos términos que le resulten más asequibles.

Con el desarrollo, la comunicación se va haciendo más compleja; los adultos utilizan en ella expresiones verbales no acordes con las posibilidades presentes en el niño o la niña. Este logra desempeñar un papel activo en la comunicación por medio del mecanismo de sustitución ya nombrado.

Podemos decir que en estado normal la base del reconocimiento de los sonidos auditivamente, son las propiedades acústicas de estos y no las articulatorias; al mismo tiempo su aparición no se encuentra en relación con la frecuencia con que sean utilizados en el lenguaje de los que nos rodean.

No obstante, aquellos sonidos que se encuentran mejor diferenciados en la pronunciación lo serán también en la audición, aunque sean acústicamente complejos. Por otra parte, los sonidos pueden ser reconocidos auditivamente, sin encontrarse diferenciados en la pronunciación.

A su vez, las propiedades acústicas y la frecuencia con que son utilizados los sonidos en el lenguaje ajeno no ejercen una influencia significativa en la secuencia y en el orden de aparición de los sonidos en el lenguaje del niño o la niña.

Muchas investigaciones exponen que los niños se percatan temprano de la pronunciación incorrecta, diferencian auditivamente el sonido correcto. Esto se puede ver durante un diálogo donde el niño o la niña que no logra la pronunciación correcta de un sonido dado es capaz de determinar la pronunciación incorrecta y la exige en el adulto que se ha dirigido a él, utilizando la misma expresión incorrecta del niño o la niña:

- Niño: dame "che"
- Mamá: toma "che"
- Niño: mamá no "diche che, diche che"

El desarrollo articulatorio va desde las articulaciones más rústicas hasta las más diferenciadas. Acústicamente se puede observar que los sonidos complejos aparecen antes en relación con la presencia de estos en la pronunciación.

El analizador auditivo se desarrolla con rapidez. Como vemos el niño o la niña es capaz a edad temprana de diferenciar sonidos complejos por sus características acústicas. La función del analizador motor- verbal se retarda con respecto al auditivo. De acuerdo con esto, las posibilidades verbales se subordinan a la función del analizador motor- verbal.

La aparición de los sonidos en el plano articulatorio se encuentra bajo el control auditivo, que facilita el acercamiento paulatino a la posición articulatoria correcta.

La formación del analizador motor- verbal se refleja en las posibilidades fonemáticas. Por este motivo, sonidos acústicamente complejos pueden diferenciarse antes que otros relativamente más sencillos.

Hemos estudiado los mecanismos que hacen posible la realización de los programas articulatorios en la realización de las estructuras sintácticas superficiales. Veamos cómo se hace factible la generación de los enunciados desde sus fases iniciales.

CAPÍTULO III.- FORMAS Y FUNCIONES DEL LENGUAJE

III. 1.- Formas del Lenguaje en la Ontogenia

El desarrollo del lenguaje pasa a través de diferentes etapas, desde condiciones concretas, hasta las formas más abstractas de realización verbal, sin apoyo visual.

La forma verbal más temprana que aparece es la que se encuentra en relación directa con la **actividad práctica**, o con la que el niño o la niña o la niña se interrelaciona, motivo por el cual tiene lugar la comunicación.

La situación en concreto facilita la formación de la idea y la designación o denominación de las acciones realizadas, en esta se hace frecuente el uso de pronombres y gestos en representación de uno u otro objeto y se sustituyen, funcionalmente, las denominaciones correspondientes. De aquí que las emisiones verbales no tengan un carácter detallado; hay una reducción de elementos que no resultan necesarios, por eso se dice que el lenguaje es **situacional.**

En el capítulo dedicado al desarrollo ontogénico del lenguaje podremos estudiar como las primeras manifestaciones verbales tienen un carácter concreto. Desde el punto de vista expresivo, la palabra está íntimamente ligada a un objeto dado en específico y no a un grupo de objetos del mismo tipo, y desde el punto de vista del lenguaje impresivo, la palabra recepcionada forma parte de un estímulo complejo en que se formara la función nominativa y luego categorial. Esto será tratado más adelante en este propio capítulo.

Las distintas formas del lenguaje no aparecen de golpe, sino que son un producto de un desarrollo paulatino que tiene como manifestación inicial el lenguaje situacional. Estas formas verbales están condicionadas por las distintas actividades que realiza el niño o la niña o la niña y por las relaciones que establece con sus semejantes.

El desarrollo de la vida en sociedad hace surgir la necesidad de interactuar sobre las actividades comunes, la distribución de funciones, el control del cumplimiento de las reglas y otros temas. Según sea el carácter de la actividad grupal, aparecen, entre otras, las tareas de instrucción, valoración. Sobre esta base continúa desarrollándose el lenguaje dialogado.

Debemos señalar que las expresiones verbales situacionales no exigen de un mecanismo generativo muy complicado, al no ser necesaria la formulación explícita. Sin embargo, no sucede así cuando se trata de sucesos pasados a veces no recientes y referentes a objetos que el niño o la niña o la niña no puede observar directamente en el preciso momento de la expresión, etc.

De este modo, el lenguaje va de las formas situacionales de emisión hacia las que se hacen comprensibles fuera del límite concreto; las emisiones se hacen más detalladas en la medida en que la palabra alcanza su nivel funcional categorial y sale de la experiencia sensorial directa.

La complejidad del lenguaje contextualizado a partir de vivencias, que no están dentro de la situación radica precisamente en que se debe formular la verbalización, sin una demostración concreta, utilizando solamente los medios que brinda la lengua.

De aquí que la línea lógica de desarrollo del lenguaje vaya de su realización situacional (en la mayoría de los casos de carácter dialogado), a la expresión relacionada y detallada, es decir, su forma contextual. El lenguaje del niño o la niña o niña puede ser, o más acorde con la situación o más contextual, en dependencia con los objetivos y condiciones de comunicación, así como la propia experiencia.

El proceso de utilización por el ser humano del lenguaje, la actividad verbal, puede tener diferentes formas de manifestaciones. Todas estas formas se encuentran relacionadas y se apoyan en el sistema fonoarticulatorio del idioma y sus representaciones gráficas en su forma escrita.

La forma oral incluye la parte expresiva e impresiva del lenguaje, y abarca tanto el diálogo (situacional y conversacional) como el monólogo (discurso, narración, conferencia).

Todas estas formas del lenguaje se diferencian entre sí por el grado o complejidad estructural que alcanzan desde el punto de vista gramatical, incluyendo desde la exposición detallada, altamente expresiva de relaciones, que adquiere el habla en el monólogo; sobre todo, en la expresión escrita; hasta las formas más sencillas del lenguaje dialogado de evidentes características situacionales.

El lenguaje es de origen externo en su forma oral (impresivo y expresión) y en la escrita (impresivo y expresivo). La forma oral se establece en las relaciones comunicacionales concretas y configuran el diálogo y la conversación, para dar lugar a formas complejas como el discurso, la narración y la conferencia.

III. 1. 1.- El Diálogo y la Conversación

El lenguaje dialogado tiene lugar cuando se establece una situación comunicativa directa entre dos o más personas. La interrogante o la premisa la proporciona una; la respuesta, la otra.

En el transcurso del diálogo, nuevas preguntas y respuestas o nuevos detalles en torno al tema tratado hacen más exacta la idea. Así, el motivo que dio lugar a la expresión inicial despierta en el receptor del mensaje el interés de responder al emisor y se forma, entonces, una cadena de reacciones.

Por lo regular, el diálogo se acompaña de gestos, mímica, entonación, que hacen más comprensibles las ideas expresadas. Con frecuencia, los implicados en él, observan el objeto o fenómeno motivo de la conversación y se crea una situación específica, determinada, que hace que el diálogo tome un matiz o carácter situacional.

Desde el punto de vista estructural, el diálogo se caracteriza por su falta de detalle; hay elementos omitidos, oraciones incompletas, ideas implícitas. Prácticamente muchos de los elementos observados pasan al plano de lo sobreentendido y se sustituyen por verbalizaciones (esto, lo, aquello, etc.). Por este motivo, fuera del límite en que tiene lugar el diálogo, el lenguaje se hace incomprensible.

El carácter concreto del diálogo hace posible que la generación de la expresión se realice con facilidad y rapidez, al poderse apoyar en los elementos presentes y en las pronominalizaciones utilizadas en el coloquio.

Cuando la actividad transcurre en un ambiente positivo y los interlocutores tienden conciliar las ideas el lenguaje se torna más sintético, se utilizan menos recursos verbales. El contacto psicológico favorable lleva al uso de expresiones abreviadas y con tendencia a la predicación (uso de verbos).

He tenido la oportunidad de seguir de cerca un diálogo de dos adolescentes que sostienen la más amplia y vivaz comunicación con el mínimo de elementos verbales posibles y algunos utilizados de forma muy reiterada, pero con cambios entonacionales frecuentes.

Estaba claro que era importante para ellos y tenían pleno dominio del objeto de comunicación. Es observable como ante estados emocionales fuertes se concentra la relación en el uso de pocos recursos verbales de alta riqueza semántica. Este es el caso de las palabras que tributan pasión o desenfreno.

Durante el desarrollo de un agradable diálogo entre dos personas afines, una le confiesa a la otra: ¨ Me gusta una negra muy carnuda y amarga, pero que finalmente me deja un sabor dulcísimo. ¨ Está usted ubicado para entender a qué se refiere. En tal caso, ¿qué respondería? Ubicado en contexto de una degustación se trata de las aceitunas de Azapa del Norte de Chile.

También puede suceder lo contrario, el sentido personal puede ser tan fuerte que impida cualquier posibilidad de transmitir una idea dada. Entender al otro exige ponernos en algún momento de su lado, incluso para llegar oponernos.

Una variante del diálogo es el conversacional, su peculiaridad se encuentra en que en él se cuestiona algo específico, que exige un correspondiente análisis; se puede observar elementos del lenguaje monologado.

III. 1. 2.- El Monólogo

El monólogo puede estar motivado por un planeamiento externo o puede estar dado por un motivo o idea propia del individuo, de un carácter constante, que puede definir el orden de la expresión.

De aquí que este se destaque por su carácter detallado y completo desde el punto de vista gramatical. La exposición de las ideas es consecutiva, relacionada, contextual; se formulan oraciones completas con un alto grado de premeditación. Por este motivo la programación y la planificación son sus características principales

En ocasiones se prepara anticipadamente. Puede tener lugar en forma de discurso, narración y conferencia.

En general, esta forma de manifestación verbal se apoya en el lenguaje dialogado y situacional, en él se pueden encontrar elementos característicos de ambos. Estas características comunes al coloquio y al monólogo tienen significación independiente y frecuentemente sustituyen a los componentes idiomáticos. En el monólogo son medios auxiliares, no necesarios para transmitir determinado contenido.

Se puede decir que estas manifestaciones del lenguaje situacional en el monologado tienen un carácter comunicativo. Se trata de una especie de reforzadores semánticos de las ideas que se están expresando.

Si en esta forma los medios extraverbales no desempeñan una función relevante, entonces todo ha de ser denominado, mencionado a través de la palabra. Precisamente este hecho hace que las ideas encerradas en ellas, el contenido de la expresión, sean comprendidas fuera de la situación. Al mismo tiempo esto exige de un mayor dominio de los idiomas y de los elementos que él aporta.

El uso del lenguaje monologado con maestría y comprensibilidad, manteniendo una línea lógica de exposición, depende del nivel o formación cultural alcanzado por el individuo, este se modela, sobre todo, en el proceso de enseñanza aprendizaje.

No debemos perder de vista que las formas externas del lenguaje pueden transcurrir de igual modo en el hablar consigo mismo, sin que eso pueda ser igualado a lenguaje interno. Pensemos, por ejemplo, en el monólogo de Segismundo en ¨ La Vida es Sueño ¨ de Calderón de la Barca:

¡Ay mísero de mí¡ ¡Ay infelice!
Apurar, cielos pretendo
ya que, me tratáis así,
qué delito cometí
contra vosotros naciendo:
aunque si nací, ya entiendo
qué delito he cometido:
bastante causa ha tenido
vuestra justicia y rigor,

pues el delito mayor
del hombre es haber nacido.
Sólo quisiera saber
para apurar mis desvelos
(dejando a una parte, cielos,
el delito de nacer),
¿qué más os pude ofender,
para castigarme más?
¿No nacieron los demás?
Pues si los demás nacieron,
¿qué privilegios tuvieron
que yo no gocé jamás?...

Donde él no tiene en cuenta la ausencia de un interlocutor y se trata de un hablar consigo mismo. Esto queda con claridad reflejado cuando oye a Rosaura y dice: ¿Quién mis voces ha escuchado?...

En este caso se puede observar que tiene el acabado del lenguaje oral. Intente hacer lo mismo excluyendo la pronunciación. Téngalo presente para cuando aborde las características del lenguaje interior en este propio texto.

III. 1. 3.- La escritura

Uno de los medios de perfeccionamiento del lenguaje monologado es el lenguaje escrito, aparece más tarde que el oral y precisamente sobre su base.

En nuestro idioma, el lenguaje escrito se efectúa por medio de letras que representan los sonidos o los fonemas en el plano gráfico. El lenguaje escrito, a diferencia del oral, exige en su aprendizaje de la participación voluntaria y consciente del individuo. Este hábito se forma con la enseñanza.

Este planteamiento hace comprender, que el lenguaje escrito de inicio no cumple en el niño o la niña la función comunicativa, dedicando su atención al estudio lingüístico de esta forma de lenguaje.

El lenguaje escrito presenta características similares al monologado en cuanto a organización y exposición relacionada y uso de las estructuras gramaticales. A diferencia del lenguaje monologado, el escrito se ve desprovisto de los medios no verbales, el interlocutor está ausente, por lo que no puede dar a entender con su conducta y preguntas si ha comprendido.

Por este motivo todo debe ser expuesto y aclarado con anticipación, lo que implica que la exposición alcance un nivel más complejo y exige un mayor grado de habilidad para exponer y comprender el material.

Por supuesto, debemos tener en cuenta que en el lenguaje escrito es factible tener más tiempo, tanto para la realización, como para la comprensión, por ejemplo, cuando se hace difícil la lectura de un material, podemos volver atrás tantas veces como sea necesario; sin embargo, no sucede lo mismo cuando escuchamos una conferencia, en la cual la exposición debe ser fijada y comprendida de inmediato. Por eso, en la actualidad en el desarrollo de las conferencias se tiende a darle más participación al auditorio en el transcurso de la exposición.

A pesar de que la formación del lenguaje escrito requiere, en su etapa inicial, de un alto nivel de voluntariedad y no tiene en su comienzo un carácter comunicativo, posteriormente alcanza un alto grado de automatización, que hace a esta forma de lenguaje extremadamente compleja.

No obstante, para el que la domina puede parecer sencilla y fácil su realización y solo en casos de dificultades, como es leer o escribir algunas palabras difíciles, por su composición sonora o su uso poco frecuente, necesite de un mayor esfuerzo y atención. Esto queda como un sencillo ejemplo; en realidad tocaremos este tema con más profundidad en el capítulo concerniente a la lectura y la escritura.

III. 1. 4.- Lenguaje Interno

La función principal de esta forma del lenguaje es la de servir de envoltura material del pensamiento para sí.

Como resultado del propio proceso de internalización se establece la experiencia personal que le confiere predominio al sentido sobre el significado. Esto es tratado con profundidad en el Capítulo III.

El lenguaje interno no es simplemente no sonoro, sino que, por su estructura difiere en gran medida del lenguaje externo. Es incompleto y reducido; en él se encuentran aquellos elementos que son pautas de la idea, en forma fragmentada. En su estructura morfológica prevalecen las formas predicativas; de aquí su **función predicativa**.

Se tienen suficientes argumentos para decir que el lenguaje interno se diferencia del externo, tanto por su estructura como por su función. De manera general podemos indicar que las formas del lenguaje, en su evolución, estructuran un desarrollo escalonado, donde las primeras formas sirven de apoyo a las segundas.

El lenguaje ha de ser situacional y dialogado para luego ser contextual, altamente relacionado y organizado. Ha de ser oral (externo) para luego ser interno y escrito.

El desarrollo ontogénico de las distintas formas del lenguaje debe ser tenido en cuenta para la estructuración de la atención a las diferentes necesidades educativas en el área del lenguaje, pues ese conocimiento le sirve para no aberrar o desviarse del principio de la didáctica que señala la trayectoria de lo fácil a lo complejo.

Por otra parte, estas distintas formas del lenguaje señalan que la realización del enunciado gana en complejidad en la medida en que aparecen formas independientes de producción verbal; es decir, se utilizan menos los medios extraverbales, situacionales, que no apoyan a la expresión y exigen precisamente que esta gane en organización y detalle; el esfuerzo, indudablemente, es mayor.

A partir de estos conocimientos podemos comprender, por ejemplo, el principio psicológico que rige la metodología de trabajo de N. A. Cheveliova en el tratamiento de los tartamudos. Precisamente, el fundamento de esta metodología se encuentra en los criterios sobre el paso en el tratamiento logopédico, del lenguaje situacional (el trabajo manual como actividad principal), al contextual y espontáneo.

También podemos señalar que el principio de la sistematización presente en las etapas de trabajo en el tratamiento de los tartamudos, que tiene como base el grado de realización individual de producción verbal propia.

Para el tratamiento logopédico de los trastornos del lenguaje podemos tener en cuenta ciertas clasificaciones. En dependencia del grado de formulación propia de la expresión, se puede dividir en: lenguaje en conjunto, reflejo, dialogado, relato, narración y espontáneo.

El lenguaje en conjunto es aquel en que el individuo que se encuentra pasivo, es decir, que no formula o inicia la expresión, le reproduce en compañía del que se encuentra en activo. En esta forma de realización no hay elaboración propia e independiente. Ejemplo: decimos al mismo tiempo: **Yo estoy bien, me siento bien**.

En el lenguaje reflejo, la formulación de la expresión no es propia; simplemente se repite lo escuchado como tal. A diferencia del lenguaje en conjunto, esto se realiza solo, por lo que exige un mayor esfuerzo, aunque el esquema y los elementos de la expresión son dados de antemano. Ejemplo: Repita: **Yo puedo hablar correctamente**.

La forma más sencilla del lenguaje dialogado es cuando en la respuesta se repiten por completo los elementos dados en la pregunta o se reproduce parte de esta. Ejemplo:

- Pregunta: ¿Estás bien?
- Respuesta: Sí, estoy bien.

Un mayor grado de complejidad se alcanza cuando la pregunta implica la formulación de una nueva expresión, es decir, no se cuenta con medios dados con antelación para formularla. Entonces es necesario seleccionar, entre las alternativas surgidas, la más correcta; la facilidad está en que la expresión se ve orientada hacia formulaciones específicas.

El relato y la narración son formas de emisión mucho más complicadas, que exigen de frases completas, relacionadas, que alcanzan un alto nivel de complejidad, por lo que la formulación no cuenta con recursos elaborados de antemano. Lo que las aligera y hace que resulte más fáciles, es que tienen como base la imagen, el modelo obtenido con anterioridad, que es lo que les proporciona un punto de apoyo. La narración es por completo independiente y se dirige a la exposición de un tema dado.

El lenguaje espontáneo es completamente voluntario e independiente; exige de una emisión verbal natural y no solamente depende de las condiciones exteriores, sino también de las posibilidades verbales del que habla. Se dice que es natural, porque él tiene lugar, ante todo, en las distintas actividades que realiza el ser humano, y en las cuales ha de comunicarse espontáneamente.

III. 2.- Funciones Principales del Lenguaje

A través de esta exposición podemos ver que el lenguaje no es simplemente una actividad psíquica más, sino que se encuentra presente en toda la vida psíquica del ser humano en estrecha relación con el pensamiento y la actividad cognoscitiva y como regulador de la conducta y la actividad general del ser humano. Éste, a través de la palabra, encuentra un medio para dominar los objetos y fenómenos que lo rodean. Aquí podemos ver la palabra en el desempeño de su **función nominativa.**

Esta función, con el desarrollo del niño o la niña, gana en complejidad; pasa de la simple designación del objeto en concreto (fase sincrética) a los niveles más altos de generalización, para así lograr abstraerse del mundo de las sensaciones y las percepciones, es decir, la palabra adquiere su **función categorial.**

Hasta aquí hemos visto en forma global, las distintas funciones que realiza el lenguaje, empezando por el establecimiento de la función comunicativa y terminando con la reguladora.

En adelante se tratará de aquellas que a nuestro juicio revisten más importancia. De igual forma volveremos a exponer con una visión de formación. En específico, se dedica un capítulo completo al estudio de la función reguladora y su desarrollo ontogénico y otro a la relación del lenguaje con los procesos psíquicos.

III. 2. 1.- Función Comunicativa

La necesidad de comunicarse motiva la asimilación del idioma por el niño o la niña. El lenguaje se desarrolla en él porque necesita participar en la actividad con los mayores; para que esto sea posible, no sólo debe comprender, es decir, ser receptivo, sino también debe emitir las correspondientes verbalizaciones.

El hecho de que durante su desarrollo prevalezca la necesidad de comunicarse oralmente, de expresar sus ideas y participar en la actividad desplegada por los mayores, se puede observar con evidencia en el sistema de sonidos sustitutos que le permiten comunicarse activamente y compensar la inmadurez presente en el desarrollo fisiológico del aparato articulatorio. Tanto en el plano filogénico como ontogénico, la primera función presente en el lenguaje es la comunicativa.

La existencia de la lengua y de la actividad verbal están condicionadas por la necesidad que tiene el ser humano de comunicarse. En el proceso comunicativo, el niño o la niña entra en contacto con lo que lo rodea, se relaciona con el mundo circundante, asimila nuevos conocimientos, se forma su pensamiento, de ahí que se diga que la primera función del lenguaje es social.

La función comunicativa tiene su origen en las formas elementales (preverbales) de comunicación. La primera forma de comunicación que establece el niño o la niña con el adulto es a través del **grito**.

Hacia el segundo mes, el niño o la niña fija su vista en el rostro del adulto y sigue sus movimientos. A partir de este momento, **la comunicación visual** se acompaña de **la mímica facial**: el niño o la niña sonríe en respuesta a la sonrisa del adulto. Más tarde se le añaden **los movimientos de las extremidades**, prevaleciendo el valor comunicativo de los movimientos de las extremidades superiores.

Sonriéndole al adulto, el niño o la niña manotea; al mismo tiempo junto con esta comunicación mímico - visual, logra comunicarse con el grito. Con el grito prevalecen las entonaciones congénitas de disgusto. Luego, a los tres - cuatro meses, el carácter de esta manifestación cambia y en él se ven reflejadas formas más expresivas. Ya en esta etapa, por el carácter del grito, le es posible saber a la madre o a los demás, el deseo o la inconformidad presente en el niño o la niña.

El niño o la niña poco a poco empieza a fijar su atención en el lenguaje de los que lo rodean; surgen los primeros intentos de reproducir elementos por separado; de forma paulatina se desarrolla la posibilidad de establecer contacto con la ayuda de la entonación.

Los tonos constituyen un recurso comunicativo significativo, **junto con las sensaciones melódicas y rítmicas**. La canción de cuna y el balanceo son recursos comunicativos relevantes en la interacción con el niño o la niña. Ante la ausencia de una estimulación social del tono se observa su pérdida paulatina bajo la influencia de las características de la lengua española, donde el recurso semántico de la palabra lo aporta el desarrollo del oído fonemático, el cual comienza a formarse al final del primer año de vida y a desarrollarse la comunicación mediante la articulación de los fonemas.

Desde el punto de vista de la necesidad de crear condiciones para la asimilación de segundas lenguas es importante la estimulación del desarrollo del tono. El debate sobre el inicio de la enseñanza de una segunda lengua lleva siempre al cuándo.

Es factible pensar que es desde el embarazo, al crear contextos que se acerquen lo más posible a la cultura del ser humano y, por tanto, evitar por todos los medios, que se afecte el potencial tonal que es inherente por efecto filogénico, como ya se apuntó al referirnos a la capacidad idiomática en este libro.

En el desarrollo de las primeras formas preverbales de comunicación, así como en las etapas iniciales de la actividad verbal, se le concede un gran significado a las reacciones imitativas, que hacen posible la reproducción de lo percibido.

En la siguiente etapa, ya por medio de la formación verbal, la entonación continúa conservando su importancia. Por medio de ella se expresa la relación emocional del niño o la niña con una u otra expresión; ella complementa la idea, haciéndola más exacta.

En caso de insuficiencia general en el desarrollo del lenguaje, con la entonación y los gestos el niño o la niña logra expresar sus inquietudes durante mucho tiempo.

Debo señalar que esta conserva su significado en el plano comunicativo, no solo del niño o la niña, sino también del adulto. La entonación ayuda a que la idea se haga más exacta; al variarla, una misma palabra puede ser entendida de manera distinta.

En el desarrollo del lenguaje en el niño o la niña, podemos ver cómo, de todos los elementos que componen el complejo estímulo que hace posible la comprensión por parte de él, es la entonación el elemento más perdurable, al tiempo que van desapareciendo los elementos situacionales, es decir, los últimos dejan de desempeñar una función importante en el proceso educativo y ya no resultan necesarios para que el niño o la niña y el adulto entren en contacto.

Por lo dicho hasta aquí, podemos comprender que las posibilidades comunicativas del niño o la niña se encuentran en dependencia de las condiciones que tenga de asimilar los medios que le brinda la lengua. En la medida que alcance los medios léxico - gramaticales más complejos, el niño o la niña podrá establecer formas más elevadas de comunicación.

En contraposición con estos planteamientos, debemos señalar que el sujeto puede dominar los medios lingüísticos más complicados, alcanzar formas de un alto grado de realización y, sin embargo, tener afectada la función comunicativa del lenguaje. Un ejemplo de esto es la tartamudez.

La función comunicativa demanda no solamente esfuerzos mentales, sino también emocionales. Para que pueda efectuarse, se necesita dominar los mecanismos reguladores, la atención voluntaria, y otras propiedades psíquicas que se caracterizan por las particularidades individuales que adquieren en una persona dada.

III. 2. 2.- Función Nominativa

Por medio de las palabras se denominan los objetos y fenómenos del entorno. A R. Luria, indicó que para que la palabra pueda denominar un objeto, deben estar presentes una serie de condiciones: conservarse la composición sonora de la palabra, que esté conectada de una forma sólida con el objeto denominado y que esté presente también la posibilidad de poder hallar la palabra en cuestión cuando aparece la imagen determinada. En la realización de la búsqueda de la palabra, nos detendremos al tratar el capítulo dedicado a la generación del enunciado.

La función nominativa que realiza la palabra no es el producto de un acuerdo, sino de una evolución que tiene lugar en la interacción social del ser humano. La relación de la palabra con el objeto no es una relación "real" prefijada por la naturaleza, sino solo ideal; pero tampoco es una relación "convencional", condicionada, sino una relación histórica.

La palabra posee su historia, su vida independiente de nosotros, en cuyo transcurso puede acontecer algo que no depende de lo que hemos "convenido" para tratarla, sino del contenido objetivo, en la cual la palabra delimita.

Más tarde podremos ver que esta relación establecida entre el objeto y la palabra se traduce en un significado objetivo, que en el orden individual es subjetivo al prevalecer el sentido sobre el significado.

En el plano ontogénico, la función nominativa se ve sometida a cambios. Los elementos denominativos sufren variaciones fundamentales que aparecen en la medida en que alcanza niveles más altos de abstracción y generalización.

En la actividad el ser humano, la función nominativa que realiza la palabra tiene una gran importancia, ya que es precisamente en el establecimiento de esta sustitución que el individuo puede abstraerse de la realidad circundante y circunscribirse a un mundo superior al de las sensaciones y las percepciones. Pero la palabra no solo denomina el objeto, sino que lo categoriza, lo incluye en un sistema de objetos, para así generalizarlo. Precisamente de esta variación que sufre la palabra en el desarrollo ontogénico es que surge **la función generalizadora.**

Aparentemente se podría pensar que la constitución de la función nominativa termina con el establecimiento de un enlace inmediato entre la palabra y el objeto nombrado; sin embargo, en realidad no es así.

Si la relación objeto - palabra queda reducida a esto y se estableciera en este límite concreto donde la palabra identifica a un único objeto, entonces el lenguaje no alcanzaría, a través de ella, su función generalizadora; ni el pensamiento su rango abstracto y generalizador.

"La denominación del objeto - dice A. R. Luria - no es, por supuesto, un acto simple, sino que puede ser considerada con justicia como la manifestación de las formas más complejas de la actividad psíquica".[14] Para fundamentar este criterio, nos

---

[14] *A. R. Luria: Las funciones corticales superiores en el por ser humano, p. 511.*

detendremos más tarde en el análisis de la interacción del lenguaje con los demás procesos psíquicos.

Si la función de la palabra se redujera a la simple designación del objeto, al establecimiento de la relación objetal, y no alcanzara su medida categorial, entonces, no sería posible la realización de la función a la que hacíamos referencia antes, es decir, la función comunicativa fuera de situaciones concretas de relaciones.

La importancia de la función generalizadora de la palabra en la comunicación se puede apreciar en las siguientes palabras de A. R. Luria:

"Si el sujeto que dice la palabra reloj tuviera en cuenta únicamente un reloj determinado, y el que escucha no tuviera la experiencia correspondiente, no comprendería el sentido generalizado de esta palabra, el hablante nunca podría transmitir a su interlocutor su pensamiento." [15]

Debemos, de igual forma, señalar que en nuestra lengua no existe como generalidad una relación única entre la palabra y un objeto, acción o fenómeno determinado, sino que con una misma palabra podemos referirnos a distintas cosas; tras de un mismo signo se establecen distintas significaciones, con lo que la función nominativa se hace aún mucho más compleja.

Indudablemente que del niño o la niña se exige un gran esfuerzo para poder entrar en posesión de estas peculiaridades de la palabra. De ahí que se puedan explicar las incomprensiones que tienen lugar entre los niños y los adultos, al no coincidir las significaciones otorgadas a la palabra.

Queremos señalar que el desarrollo de la función nominativa del lenguaje está en dependencia de las posibilidades de establecer relaciones sólidas entre la palabra y el objeto, con la participación orientadora del adulto, como se pudo apreciar al explicar la interacción del primer y segundo sistemas de señales.

Por último, queremos indicar en cuanto el análisis del estado en que se encuentra la función nominativa, esta se altera

---

[15] *A. R. Luria: Conciencia y lenguaje, p. 40.*

indistintivamente en dependencia del lugar donde se tenga la lesión cerebral, por lo que le concede a este detalle un valor diagnóstico en la determinación de las patologías cerebrales.

III. 2. 3.- Función Cognoscitiva

Las ideas actuales de la Psicología, que reflejan la importancia del lenguaje en la formación de los procesos psíquicos, se encuentran fundamentadas en los aportes de destacados psicólogos, como en el caso de L. S. Vygotsky.

Esto se ve reflejado en sus estudios sobre la relación existente entre el pensamiento y el lenguaje, donde hace el análisis de la formación de los conceptos en relación con la palabra y su desarrollo funcional, y señala las variaciones a que son sometidas la atención, la percepción, etc., bajo la influencia de la palabra, que es al fin y al cabo la que permite alcanzar el nivel racional propio de la actividad humana.

El lenguaje es la envoltura del pensamiento; él facilita las formas superiores del pensamiento humano y hace posible los procesos de abstracción y generalización.

En medida semejante, el lenguaje se encuentra en relación con los demás procesos psíquicos. En adelante me detendré en esto, pero de una forma breve, ya que más tarde realizaremos un análisis más profundo sobre su relación con el pensamiento y la actividad psíquica general.

Por el momento, es interesante destacar que el desarrollo psíquico no está determinado de antemano, sino que se encuentra en relación con la actividad social del individuo en el proceso comunicativo, donde la influencia del lenguaje se hace decisiva.

La función cognoscitiva del lenguaje se encuentra en estrecha relación con la comunicativa. Esta función se desarrolla en la medida en que el niño o la niña pueda establecer contacto con los que lo rodean. El niño o la niña, con la ayuda del lenguaje, no solo obtiene nueva información, sino también obtiene la posibilidad de poder realizar su actividad cognoscitiva de una forma nueva.

Se puede comprobar el papel que este desempeña en el desarrollo psíquico en general, a través del caso de los gemelos que no desarrollan su lenguaje a causa de que la comunicación establecida entre ambos no estimula la formulación verbal, sino la frena.

Cuando estos niños son separados y llevados a un medio más motivante, desde el punto de vista de la necesidad de la comunicación verbal, de inmediato se observa un cambio brusco en la actividad psíquica de ambos.

La palabra actúa, influye sobre la actividad sensorial y perceptual, sobre la conciencia del ser humano, llevándolo al conocimiento racional. Se puede decir que toda la actividad psíquica del ser humano se reorganiza ganando en complejidad y perfección.

La palabra es el medio poderoso que hace posible el reflejo de la realidad y mediatizadora en la formación de nuevas formas de atención, memoria, imaginación y acción. Por medio de la palabra los objetos y fenómenos de la realidad son fijados en la memoria; se desarrolla la memoria verbal, que es necesaria para la formación del pensamiento generalizador.

El lenguaje del adulto orienta la actividad perceptual del niño o la niña, le da un carácter estable, selectivo y generalizador. De igual forma sucede con la atención del niño o la niña, al ser dirigida por medio de la palabra hacia el elemento seleccionado, separado del medio general circundante.

La palabra se encuentra presente en el proceso imaginativo, que proporciona a este un medio de apoyo. Se sabe que aquello que imagina el niño o la niña se encuentra en gran medida representado por ella.

De manera genérica, se puede decir que las necesidades cognoscitivas del ser humano se ven satisfechas en gran medida por la participación del lenguaje, que es el instrumento de la actividad cognoscitiva. En sí, toda la actividad psíquica se ve sometida a la influencia de la palabra.

III. 2. 4.- Función Reguladora

El lenguaje hace posible la planificación de la actividad; en ella se manifiesta una función importante de él, la función reguladora de la conducta humana.

Por medio del lenguaje, el individuo se subordina a las normas sociales establecidas a través de la historia, le sirve como medio de conservación de la experiencia alcanzada y al mismo tiempo como medio de transmisión de esta.

La ideología, los ideales estéticos y morales, las normas culturales constituyen todo aquello que regula la conducta humana, que se da en gran medida a través de la lengua y la comunicación verbal. El lenguaje no alcanza de golpe esta función; se puede decir que todas las que realiza, la que atraviesa una larga vía de desarrollo es esta. En el plano ontogénico, la función reguladora atraviesa una serie de etapas que podrá conocer en este propio texto.

El inicio de esta función reguladora del lenguaje se encuentra en la actividad compartida entre el adulto y el niño o la niña, es decir, en la acción que realiza el niño o la niña bajo la influencia de la orden verbal dada por el adulto.

De esta etapa inicial, parte para conseguir, a la edad de cinco - siete años, formas superiores de autorregulación, en estrecho vínculo con la interiorización del lenguaje y la posibilidad de realización de la actividad intelectual programada. Podemos comprender que en caso de insuficiencias verbales, el lenguaje no logra regular la actividad del niño o la niña; ella no se subordina a la palabra del adulto; las acciones se hacen caóticas, no pueden planificarse; apenas si el niño o la niña logra concentrar su atención.

Las distintas funciones que realiza el lenguaje, como podemos ver, aparecen de forma paulatina y, en lugar de desaparecer, ganan en complejidad para seguir participando aún más perfeccionadas, en la actividad social del ser humano.

CAPÍTULO IV.- LENGUAJE INTERNO

IV. 1.- ¿Cómo Tiene lugar el Lenguaje Interno?

Motivados por la función que desempeña el lenguaje en la organización de toda la actividad psíquica del ser humano, es necesario asumir el estudio de su forma interna, por considerar la necesaria participación que esta tiene en toda su actividad social, en la planificación y sucesión de las acciones, en la generación del enunciado, como envoltura del pensamiento, como regulador de la conducta, inicialmente en la relación interpsíquica y luego en el proceso intrapsíquico.

En la actualidad, el lenguaje interno no es para los especialistas en la materia el equivalente del lenguaje externo, limitado simplemente en su aspecto sonoro. Muchos psicólogos consideraban que el primero se diferenciaba del segundo en su realización final, es decir, en la sonorización. Esta deducción implica que, por su función, ambos serían iguales.

A partir de los estudios realizados por L. S. Vygotsky sobre el lenguaje interno y su génesis, se pudo obtener una visión más profunda sobre la base de su surgimiento y características estructurales, que lo diferencian del lenguaje externo detallado, siendo este al mismo tiempo el fundamento de su origen; y se pudo comprender en qué consistía su función a partir de su carácter predicativo.

Las funciones psíquicas superiores son relaciones de orden social interiorizadas, fundamentos de la estructura social de la personalidad. Un ejemplo de tal afirmación lo es el lenguaje interiorizado.

El lenguaje interno tiene su origen en el lenguaje externo. Según L. S. Vygotsky, el niño o la niña, en la comunicación con los demás, asimila el lenguaje externo; luego poco a poco, sobre la base de él, se forma el lenguaje para sí mismo, el cual asume propiedades funcionales y morfológicas que lo diferencian del lenguaje externo.

Un aporte relevante del citado autor es el estudio que realiza sobre la génesis del lenguaje egocéntrico en el tránsito hacia la internalización de la vida psíquica.

IV. 2.- Lenguaje Egocéntrico

¿Cómo tiene lugar el lenguaje egocéntrico? Para dar respuesta a esta pregunta debemos abordar el tema concerniente al lenguaje egocéntrico. El niño o la niña emplea el lenguaje no solo bajo la presencia de un interlocutor, sino también en su ausencia; constantemente habla sin dirigirse a nadie en específico.

Estas verbalizaciones que surgen durante esta actividad del niño o la niña y están dirigidas hacia sí mismo, se denominan lenguaje egocéntrico. Este aumenta de modo considerable hasta la edad de cuatro años. Luego se debilita y después de los cinco años, se hace incomprensible para los que rodean al niño; para los adultos resulta un conjunto de emisiones sin sentido.

Antes de esta edad, el niño o la niña acompaña sus juegos con continuas emisiones. Solo a los cuatro años se observan en estas actividades períodos de silencio. En los juegos en que participan varios niños, se puede comprobar cómo con la edad se aumentan estos períodos de silencio. Este es el momento en que el niño o la niña emplea el lenguaje interno como medio de su actividad intelectual, en la búsqueda y toma de soluciones.

De esta forma podemos percatarnos de que el lenguaje egocéntrico se encuentra presente en los primeros años de vida. El niño o la niña no solo acompaña la actividad práctica con sus verbalizaciones, sino la planifica y dirige.

Con el tiempo estas manifestaciones verbales son sometidas a profundas variaciones, pasando del detalle a la fragmentación y dando lugar, como señaláramos anteriormente, al aumento de los períodos de silencio. Los cambios que se operan en el lenguaje egocéntrico terminan con su desaparición en el plano exterior, a la edad de siete años.

El hecho de que el niño o la niña haya dejado de manifestar su pensamiento oralmente ha sido interpretado de distintas maneras. Existen dos puntos de vista fundamentales en el análisis y comprensión de la esencia del lenguaje egocéntrico; el punto de vista sostenido por **J. Piaget**, y el de L. S. Vygotsky. J. Piaget agrupa las manifestaciones orales del niño o la niña en dos grupos: uno, dado por las pertenecientes a la etapa del lenguaje egocéntrico y el otro, dado por las pertenecientes al socializado.

En contraposición con el último, el primero según J. Piaget, no tiene características comunicativas; es un habla para sí mismo y no está en relación con los que rodean al niño, es simplemente un monólogo.

Desde este punto de vista, el lenguaje egocéntrico es una formación sobrante superflua, excedente en el proceso de desarrollo del niño o la niña y, como resulta innecesaria, se atrofia y desaparece sin dejar huellas.

El segundo punto de vista es el sustentado por **L. S. Vygotsky**, quien expuso la idea de que el lenguaje egocéntrico es, por su forma, lenguaje externo, y por su función, interno. Lo sitúa como paso intermedio entre el lenguaje externo y el interno.

Al contrario de J. Piaget, L. S. Vygotsky considera que el lenguaje egocéntrico desempeña una función definida e importante en la actividad del niño o la niña. Él demostró de manera empírica que este lenguaje no es el habla simplemente acompañante de las actividades del niño o la niña, que desaparece sin dejar huellas, sino que cumple su cometido funcional como fase intermedia entre el lenguaje externo e interno. Pudo comprobar experimentalmente que las obstrucciones o dificultades en la realización de tareas, dan lugar a la casi duplicación del lenguaje egocéntrico.

En la situación experimental, un niño de tres - cinco años confronta una serie de dificultades en la realización de la tarea; cuando el niño o la niña, por ejemplo, iba a calcar, el experimentador, sin que se percatara, quitaba el fijador que sujetaba el papel transparente; ante esta dificultad, el niño o la niña de inmediato empezaba a hablar ¿qué hacer ahora?, ¿cómo podré fijar el papel?, etc.

Cuando un niño que se preparaba para dibujar, este se percató que no tenía los medios necesarios; de inmediato comenzó a verbalizar, tratando de comprender el porqué de la situación: ¿dónde está el lápiz?, necesito uno azul, etc.

En otra situación un niño de cinco años, al verse imposibilitado de continuar el dibujo de un tranvía por habérsele quebrado la punta del lápiz, abandonó el dibujo de la rueda que no lograba realizar diciendo: "está rota", dejó el lápiz y continuó dibujando con la acuarela un tranvía roto.

Estos experimentos denotan que el lenguaje egocéntrico, al principio, participa describiendo la idea y luego, planeando la posible solución. "Aparte de ser un medio expresivo - dice L. S. Vygotsky - y de relajar la tensión, se convierte pronto en un instrumento del pensamiento en sentido estricto, en la búsqueda y planeamiento de la solución de un problema."[16]

De esta forma quedó demostrada la participación del lenguaje egocéntrico en la actividad del niño o la niña. Se hace necesario demostrar que este se encontraba en relación con la función principal, la función comunicativa del lenguaje.

El referido investigador observó que, en los jardines infantiles, cuando los niños juegan conversan mucho. En este ámbito decidió demostrar la dependencia de las verbalizaciones egocéntricas de la comunicación con los demás.

Inicialmente estableció el coeficiente, la medida del lenguaje egocéntrico en el medio de intercomunicación común de los niños. Luego llevó a estos niños a otro círculo infantil, en el cual no se hablaba ruso, e igualmente los llevó junto a un grupo de niños sordos.

Si el lenguaje egocéntrico no dependiera de la comunicación, el coeficiente establecido debería de haber quedado invariable o aumentar, atendiendo a los criterios de J. Piaget, sin embargo, sucedió lo contrario: o bien los niños dejaban de hablar (el coeficiente del lenguaje egocéntrico se redujo a cero), o la diferencia entre el coeficiente de la esfera o medio común y los de las esferas del lenguaje desconocido y de los niños sordos, fueron ocho veces menor, es decir, los de las segundas esferas hablaron ocho veces menos.

Como podemos observar, las manifestaciones egocéntricas en el niño o la niña exigen de un interlocutor; en realidad no es un monólogo, sino un diálogo. Estas manifestaciones variaron en su coeficiente, demostrando su dependencia de la comunicación del niño o la niña con los demás.

El estudio de la estructura del lenguaje egocéntrico demostró que este va de la exposición detallada, extensa, hasta la fragmentada

---

[16] *L. S. Vygotsky: Pensamiento y lenguaje, p. 32.*

e incomprensible para los demás. Esta fragmentación tiene lugar en la medida en que van desapareciendo de las expresiones los sustantivos y los adjetivos, conservándose solo los componentes verbales.

El niño o la niña acompaña su juego con un ininterrumpido nombramiento de acciones; este hecho exigió una explicación. La ausencia en la expresión de las partes del sujeto de la oración se podía explicar por el hecho de que el objeto de la conversación está en el ámbito situacional y no hay necesidad de nombrarlo.

Aquello que es conocido y no se necesita nombrarlo puede ser obviado. En la lingüística moderna se denomina tema (T). Sin embargo, sí es importante nombrar las acciones; se necesita claridad y por eso deben ser designadas en el lenguaje egocéntrico. Esto da lugar a la formación del sistema predicativo, que es precisamente lo nuevo; lo que se debe decir, realizar y se denomina como rema (R).

Estudiando este hecho, es decir, el desplazamiento de las partes del sujeto, L. S. Vygotsky definió la estructura del lenguaje egocéntrico como predicativa. A su vez, basándose en que en él desaparecen las partes del sujeto y se conservan los verbos, pudo llegar a la misma conclusión con respecto a la estructura del lenguaje interno. Aquello que en el lenguaje egocéntrico no resulta esencial, principal, no lo será tampoco en el lenguaje interno.

Como hemos podido ver, en contraposición a los criterios de J. Piaget, el lenguaje egocéntrico no desaparece, sino que su desarrollo implica una interiorización; en realidad crece hacia adentro.

La función reguladora, planificadora del lenguaje interno, es al inicio, realizada por el lenguaje egocéntrico; este poco a poco, se va reduciendo, se hace incomprensible para los demás, convirtiéndose en un susurro que finalmente termina con la formación del lenguaje interno.

En el cambio que sucede en el paso del lenguaje externo al interno, se pudo tener una visión de la estructura y funcionamiento del último. A partir de las expresiones egocéntricas, se pudo formular una idea sobre la formación del lenguaje interno. Semejante análisis ubicó en el lugar correspondiente a esta forma del lenguaje, con sus características propias, que le diferencian del lenguaje externo y de la idea.

IV. 3.- Características del Lenguaje Interno

L.S. Vygotsky destacó tres características principales presentes en el lenguaje interno, en relación con su estructura y funciones específicas.

En el tema concerniente a la generación del enunciado, se tratan las características morfo - funcionales del lenguaje interno como eslabón intermedio entre el pensamiento y el lenguaje externo mediante **la función predicativa**.

El lenguaje externo, al interiorizarse, varía en sus características morfológicas; se reduce o acorta y pierde la estructura gramatical detallada. Se hace **amorfo**. Estas características del lenguaje interno se pueden observar en el lenguaje susurrado donde la expresión audible, detallada, se convierte en fragmentos gramaticales que son precisamente los que realizan la función predicativa y son capaces, en caso necesario, de ampliarse.

Esta reversibilidad presente en el lenguaje interior le permite igualarse, de ser necesario, al lenguaje externo.

Otra característica concedida al lenguaje interno es la dada por **el prevalecimiento del sentido para sí sobre el significado.** Se entiende por significado el sistema de conexiones objetivas dadas en la palabra y que es reflejo de los fenómenos reales, independiente de los intereses y necesidades subjetivas a que responden estas conexiones. El significado se mantiene como una potencialidad.

Por el contrario, el sentido corresponde a la selección hecha del sistema de conexiones objetivas antes mencionadas, en relación con las necesidades del sujeto. Al predominar el sentido sobre el significado, se puede decir que el lenguaje interno es el mecanismo que convierte las ideas subjetivas en un sistema de significaciones.

En forma general, se indica que el lenguaje interno surge en relación con las necesidades de resolver una u otra tarea intelectual, que aparece relativamente tarde, a partir del lenguaje externo detallado, que su fase intermedia está dada por el lenguaje egocéntrico y, por último, que su desarrollo implica una interiorización, se hace amorfo, funcionalmente predicativo y conserva la propiedad de poder ser detallado.

"El lenguaje egocéntrico - dice L. S. Vygotsky - se desarrolla a lo largo de una curva que se eleva, y no a lo largo de una que declina; está sujeto a una evolución, no a una involución. Finalmente se transforma en lenguaje interiorizado." [17]

De aquí que la desaparición del lenguaje egocéntrico no quiere decir que el lenguaje haya dejado de cumplir su función intelectual; por el contrario, pasa a realizarla en una estructura más especializada. Los experimentos realizados por A. N. Sokolov (1962) exponen la relación entre el lenguaje interno y los movimientos de la lengua y la laringe.

Se pudo comprobar en qué medida los impulsos motores del aparato articulatorio influyen en la actividad intelectual. Un experimento consistió en que el sujeto, en el momento de realizar el ejercicio, debía presionar la lengua entre los dientes.

Resultó que en los adultos no implicó dificultades visibles; sin embargo, en los niños influyó, frenando la actividad intelectual. En este experimento quedó demostrada la vinculación existente entre los impulsos cinestésicos, el lenguaje interno y la actividad intelectual.

Para formarnos una idea más concreta sobre el lenguaje interno podemos señalar cómo se ve afectada esta función en las afasias. En los casos de afasia dinámica descritos por A. R. Luria, se puede observar el conocido estilo telegráfico.

En estos pacientes se encuentra conservada la función nominativa del lenguaje, no así la predicativa. Los pacientes pueden repetir palabras por separado, nombrar objetos aislados, pero al nivel oracional se encuentran ausentes los componentes predicativos. Se evidencia un trastorno de la función predicativa del lenguaje.

Las investigaciones realizadas por Shojov-Trotskaia (1972), L. S. Tsvietkova (1970) y especialistas, en los casos de afasias

---

[17] *L. S. Vygotsky: Ob. cit., p. 146.*

dinámicas que presentan un carácter severo, han demostrado que la cantidad de formas verbales disminuye de modo notable. Los elementos predicativos característicos del lenguaje interno no se encuentran presentes y la función predicativa del lenguaje se ve afectada.

De modo general, se puede decir que el conocimiento de la función predicativa desempeñada por el lenguaje interno de sus características morfológicas, son de vital importancia para comprender cómo tiene lugar la formación del enunciado, el desarrollo ontogénico de la función reguladora y otros fenómenos psicológicos generales en relación con el lenguaje interno.

En la actividad práctica del logopeda, estos conocimientos no sólo permiten comprender la esencia de algunas patologías verbales, sino que sirven como argumentos para el trabajo desarrollador. Sabemos que la formación de la función predicativa puede ser el objetivo principal en la atención de algunos trastornos verbales, por ejemplo, en caso de insuficiencia general en el desarrollo del lenguaje, y, en específico, en las alalias motrices. En las primeras etapas de tratamiento se comienza con la formación de la predicación, es decir, la incorporación de palabras que significan acciones.

El desarrollo de la función predicativa permite establecer los patrones para que, en adelante, el lenguaje se desarrolle espontáneamente.

Desarrollar el lenguaje no quiere decir que se le proporcione al niño una cantidad de palabras, una colección de ellas, sino facilitar un dominio del mecanismo gramatical y del principio de accionamiento. Lo principal no es de cuántas palabras consta el vocabulario del niño o la niña, sino cómo él pueda incluirlas en el proceso comunicativo y unirlas con otras palabras durante la actividad.

Las formas verbales poseen mayor riqueza semántica y comunican mucha más información que otras categorías del idioma. En los verbos se encuentran presentes las funciones nominativas y predicativas. De esta forma, con un solo elemento podemos lograr ambos objetivos. Recuerde que lenguaje es ante todo comunicación.

CAPÍTULO V.- FUNCIÓN REGULADORA DEL LENGUAJE

V. 1.- Introducción

En la actualidad la función del lenguaje en la regulación de la conducta del ser humano, así como la participación de este proceso psíquico superior en toda su actividad social son conocidas por todos los especialistas relacionados con el estudio del lenguaje y el pensamiento.

Lo antes expuesto se encuentra firmemente apoyado en las teorías sobre la actividad nerviosa superior y sobre el trabajo conjunto del primero y segundo sistema de señales tratados anteriormente en esta obra.

La importancia de la palabra en la actividad del ser humano y en el desarrollo de toda la humanidad es grandiosa. El significado histórico evolutivo del lenguaje se encuentra expresado en que al desarrollo de la actividad social y creadora se unió la palabra articulada, lo que de conjunto estimuló el desarrollo del cerebro.

Téngase en cuenta que las estructuras frontales del córtex cerebral son las últimas en aparecer y se vinculan con las funciones de programación y planificación, lo que se relaciona con la posibilidad de autorregulación de la actividad.

En la posición de Freud (1856 – 1939) quedó manifiesta con intensidad el valor de la palabra hasta tal punto que devino en un recurso relevante de la terapéutica general a lo que no sobrepasa técnica alguna. Bajo la idea de que primero es la acción de regulación mediante la palabra, luego los medicamentos y por último la cirugía. Eso no ha cambiado en lo absoluto y en todas las variantes de intervención siempre la palabra oportuna seguirá induciendo al por ser humano a una vida más sana en contra de lo adverso. **La palabra: cura universal.**

Resultó bueno que los Neofreudianos se inclinaran por encontrar las raíces de la personalidad a lo largo de la experiencia generacional como una expresión del devenir de la vida social del ser humano. Seguir buscando en este acontecer filogénico del ser humano es estudiar la huella de regulación cultural de que somos herederos.

El estilo de vida lleva a la autorrealización y a la actualización (Carl Yung, 1875 – 1961). La cultura concreta en la que la persona crece determina cuáles serán los conflictos (Eric H. Erkson, 1902 – 1986). Creo que se deben reconocer estas ideas como esfuerzos importantes para comprender el desarrollo evolutivo de la persona.

Como no lo deja de ser la aproximación ambientalista de Watson (1924) cuando señala el carácter maleable de los seres humanos, indicando el rol de los aprendizajes en la regulación de la conducta humana, bajo la inspiración de los experimentos de Pavlov y Thorndike.

En la misma dirección, resalta Skinnner (1904 – 1992) que la conducta humana es aprendida, admite que la gente pueda cambiar. Así también Albert Bandura resalta el valor del contexto social en que tiene lugar el aprendizaje.

La teoría centrada en la persona asume que los seres humanos construyen el sí mismo, que deviene en núcleo de la personalidad en congruencia con la experiencia que se alcanza durante la vida y por tal razón hay reconocimiento a la regulación externa. Es importante como nos ven los otros. En este crecimiento se destaca la autoactualización y el autocontrol (Carl Rogers, 1902 – 1987).

En las posiciones presentadas, se observa que hay un asumir que la personalidad se desarrolla en una interacción, donde unos autores de inclinan hacia posiciones diferentes. Al final ninguna es predominante y eso está dado en que simplemente es imposible aislar la personalidad en desarrollo.

No obstante, podemos extraer a favor del análisis de la función reguladora que la conducta humana es el resultado de la interacción entre las características particulares de la personalidad en desarrollo y las situaciones específicas en que transcurre. Estudiemos cómo se produce la internalización de la función reguladora del lenguaje en la ontogenia.

Para todos los estudiosos ocupados en el análisis ontogénico de la evolución de la función reguladora del lenguaje, ha quedado claro que esta función es, entre todas las del lenguaje, la que más tardíamente se llega a establecer.

Sus expresiones originales se encuentran en la posibilidad de orientar al niño hacia selección de objetos particulares del entorno en que él se desarrolla. Formación del lenguaje impresivo y establecimiento del carácter selectivo de la atención. Esto lleva a que el niño o la niña empiece asumir conductas contemplativas en relación con su entorno.

No obstante, la palabra forma parte de un estímulo complejo y luego es cuando se constituye en un signo con significado propio. La función reguladora, comienza a expresar madurez, cuando aparecen reacciones estables ante algunos estímulos verbales, independientemente de las modificaciones que se registren en relación con el objeto. Esto tiene lugar al final del primer año y comienzo del segundo.

Todo aquello que el niño o la niña hace con la ayuda e instrucción de los mayores, luego lo comienza hacer él mismo apoyándose en sus propios recursos verbales, demostró que el lenguaje que se utiliza solo como una forma de comunicación con los adultos en sus inicios, posteriormente se convierte en el medio de organización de la conducta del niño o la niña, y la función que anteriormente era realizada entre dos, luego se convierte en una interna, reguladora de la conducta humana.

A partir de lo expuesto, se puede concluir que el factor fundamental que permite la formación de la función reguladora del lenguaje es la comunicación del niño o la niña con los que lo rodean.

En el análisis que realiza L. S. Vygotsky sobre la idea de J. Piaget con respecto al lenguaje egocéntrico, el primero llega a la conclusión de que este período de desarrollo verbal representa una expresión de la formación de la función reguladora del lenguaje.

El niño o la niña, que en etapas anteriores era dirigido por la instrucción verbal del adulto, comienza a acompañar sus acciones con el lenguaje propio. Según sea el grado de dificultad en la realización de la actividad, será más evidente la presencia de estas verbalizaciones.

Esta situación, así con el contenido de las expresiones infantiles, llevaron a la idea de que estos factores son fundamentales en la realización correcta de las acciones, es decir, en la solución exitosa de las tareas que el niño o la niña enfrenta.

V. 2.- Evidencias Evolutivas del Desarrollo de la Función Reguladora

Al referirse a ella A. R. Luria dice:" junto con la función cognoscitiva de la palabra y su función como instrumento de comunicación, se da asimismo en ella la función pragmática o reguladora; la palabra no solo es el instrumento del reflejo de la realidad, sino el medio de regulación de la conducta."[18]

Para demostrar esta idea, el investigador realizó una serie de experimentos que argumentan cómo tiene lugar el desarrollo progresivo de la función reguladora del lenguaje. Los experimentos fueron realizados con niños de diferentes edades, en distintas situaciones, de tal forma que se pudiera observar la evolución de esta función.

Si a un niño de un año y dos meses o de **un año y cuatro meses** se le pide cualquier objeto, por ejemplo un pececito, el niño o la niña realiza la tarea sin dificultad, después de esta misma situación se le pide que dé el gato, al principio el niño o la niña se queda mirando y no comprende; luego mira a su alrededor, hasta que encuentra el objeto nombrado. En este caso parece que la palabra del adulto define completamente la acción del niño o la niña.

El experimento es realizado en una situación algo más compleja. Ante el niño o la niña, dos objetos: el pececito, algo más alejado de él y entre el niño o la niña y el pececito se coloca un gato muy llamativo. Si al niño se le pide alcanzar un pez, su conducta será distinta, la palabra nombrada da lugar a una reacción orientada y fijará la mirada en el pez, pero la mano dirigida hacia este se detiene a mitad del camino y se reorienta hacia el gato. De este experimento, se concluye que la función reguladora del lenguaje se conserva mientras no entra en contradicción con las condiciones externas. El fenómeno antes expuesto desaparece hacia la edad comprendida entre un año y cuatro meses - un año y seis meses de vida.

A través de un experimento similar, se llega a la conclusión de que la función reguladora de la palabra en la edad temprana

---

[18]*A. R. Luria: Conciencia y lenguaje, p. 108.*

logra su objetivo si no entra en conflicto directo con los reflejos de orientación o conexiones inertes.

Al colocar ante el niño o la niña de un año y dos meses y un año y cuatro meses, dos objetos: un pececito y un caballito, uno al lado del otro, ambos de iguales medidas y colores, y pedir al niño el pececito, él realizará la operación sin dificultad. Si se repite la experiencia tres - cuatro veces, el efecto es el mismo.

Luego se le pide el caballito; a pesar de que el significado de esta palabra es bien conocido por el niño o la niña, la inercia de la conexión anterior resultará tan sólida, que en varios intentos dirigirá la mano hacia el pececito. La función reguladora del lenguaje ha sido afectada por la conexión establecida anteriormente. Esto desaparece a los dos - cinco años.

De igual forma demostró que los niños **de dos años y ocho meses - dos años y diez meses y de tres años,** aun comprendiendo correctamente la instrucción, pueden presentar dificultad en la realización del ejercicio, si la orden dada entra en contradicción con la impresión visual inmediata.

A un niño se le pidió que levantara el dedo en el caso que el experimentador levantara el puño. En esta situación de conflicto se observó que la instrucción dada logra por un corto tiempo una correcta orientación; pero de inmediato y por imitación, el niño o la niña realizaba la acción que observaba en el experimentador.

Este fenómeno tiende a desaparecer a la edad de tres años y seis meses coincidiendo con la maduración de las estructuras de los lóbulos frontales, que son los encargados de la regulación verbal de los movimientos.

Las respuestas de los niños a las instrucciones resultan acertadas en el caso de que sean pronunciadas en una forma determinada y en la situación correspondiente. Si tiene lugar alguna alteración en esta situación en que habitualmente el niño o la niña realiza las instrucciones recibidas, entonces no se logra el efecto deseado; el niño o la niña no realiza la acción pedida.

Un niño de **un año y medio** responde correctamente a las instrucciones del tipo: "aplaude", "dame la mano." No obstante, si en el momento en que se le da la instrucción, el niño o la niña se encuentra en otra actividad, entonces el efecto no será el deseado e inclusive, puede intensificarse la acción iniciada por el niño o la niña.

A partir de este hecho, se concluye que las acciones del niño o la niña provocadas por la función eminentemente estimuladora del lenguaje en esta edad, predominan sobre la influencia significativa de este.

Este fenómeno señala la presencia de la función estimuladora y la ausencia del poder inhibitorio de la palabra. El lenguaje se desarrolla en gran medida en el período comprendido entre los tres - cuatro años. Aún en esta etapa el poder excitante de las instrucciones verbales es considerablemente más fuerte que el inhibitorio.

El niño o la niña de **dos años y cinco meses** realiza una instrucción dada por el adulto. Su acción se ve afectada si se le pide que acompañe la acción verbalmente. El lenguaje en estas edades aún es muy imperfecto, hasta las más sencillas respuestas verbales y las señales no ayudan, sino que estorban la realización de la acción. Tal complejidad solo es posible a la edad de tres años y cinco meses indica B. I. Lubovski (1978).

En el experimento realizado por A. R. Luria con los niños de **tres y cuatro años** consistente en que al niño se le pide que "apriete dos veces" un balón cuando aparezca la luz, quedó demostrado que se ve imposibilitado de hacerlo, a pesar de que entiende perfectamente bien el significado del número dos.

Si se introduce una variante consistente en el acompañamiento de la realización motriz con una realización verbal (anda, anda o uno, dos) ante la señal, la irradiación de la excitación finaliza y el niño o la niña produce las presiones dobles requeridas.

En el primer caso o variante, la acción reguladora procede solamente del significado, del sistema selectivo de asociaciones. En la segunda variante, parte de dos impulsos provocados por estímulos aislados.

Estos experimentos demuestran que el efecto regulador a esta edad se deriva del aspecto impulsivo del lenguaje y no del pensamiento selectivo de este, del significado. La función reguladora pasa progresivamente del aspecto impulsivo al sistema selectivo; se transita de forma paulatina del lenguaje externo al interno.

Con el desarrollo y enriquecimiento del lenguaje en el niño o la niña, la acción estimuladora pasa a un plano secundario y la función principal la asume el aspecto selectivo, el sistema de conexiones significativas.

Ya en su etapa final, las formas del lenguaje externo se reducen y la influencia decisiva es ahora ejercida por el lenguaje interno, el cual constituye un componente, tanto del pensamiento como de la acción volitiva.

El lenguaje interno, estrechamente vinculado al pensamiento, lleva una nueva etapa de desarrollo específicamente humano. El análisis verbal de la situación comienza a desempeñar una función importante en el establecimiento de nuevas conexiones; el niño o la niña se orienta hacia las señales dadas con la ayuda de reglas que él mismo se formula verbalmente; esta función de abstracción y generalización del lenguaje es la mediadora de los estímulos que actúan sobre el niño o la niña y transforman el proceso de elaboración de conexiones temporales en el complejo y elevado sistema de autorregulación.

Como se ha visto, en el transcurso de los primeros años de vida del niño o la niña la función reguladora del lenguaje atraviesa por una compleja vía de desarrollo.

De manera general, se puede decir que la forma de regularización más sencilla y mejor comprendida por todos los especialistas es la instrucción verbal, que lleva al individuo a la realización directa de la acción que no parte de sí mismo, es decir, de su propia autodeterminación.

La siguiente forma de regularización la constituye el lenguaje propio, como una manifestación de generalización de la experiencia propia. Se establece un mecanismo que desempeña la función fundamental en la realización más elevada de regulación, el cual tiene sus inicios en las verbalizaciones acompañantes de la acción o anteriores a ella; y su formación final con la aparición del lenguaje interno.

La función reguladora del lenguaje no es solo, entre las demás funciones del lenguaje, la última en aparecer, sino que, además, atraviesa por una serie de etapas que van desde la realización del acto volitivo, el cual tiene su comienzo en la orden dada al niño y su fin en la acción realizada por este.

A la etapa inicial (regulación externa) le sigue la realización de acciones de origen propio en relación con las emisiones egocéntricas (autorregulación externa), con las que, inicialmente, el niño o la niña acompaña su actividad.

Por último, en la relación con el proceso de interiorización del lenguaje predomina el lenguaje interno como componente básico de la actividad volitiva (autorregulación interna).

Se demostró experimentalmente cómo tiene lugar el desarrollo progresivo de la función reguladora. Su compleja formación quedó establecida a partir de las etapas por las que atraviesa y las características que señalan las limitaciones existentes en cada período. Así, de forma general, se puede decir que, inicialmente, la actividad del niño o la niña puede ser influida por la acción directa de estímulos fuertes y puede ser impedida por la inercia de las acciones (un año y cinco meses - dos años y cinco meses).

En el tercer año de vida, se ve limitado, no por dificultades en la comprensión del significado de la instrucción verbal, sino por la influencia visual directa. De igual forma quedó demostrado que, hasta la edad de tres - cuatro años, la función estimuladora del lenguaje aparece antes que su función inhibitoria: el aspecto impulsivo de este predomina sobre el significado.

El conocimiento de las características y la esencia de la función reguladora del lenguaje permite tener una visión clara de este fenómeno verbal y tomar pautas en el análisis de las particularidades de desarrollo psíquico en general de las personas que manifiestan necesidades educativas especiales en el área del lenguaje.

Cuando la función reguladora se desarrolla insuficientemente, las acciones del niño o la niña son impulsivas; el lenguaje del adulto apenas influye en la actividad de este. El niño o la niña presenta dificultades en la realización de actividades sucesivas; apenas se percata de sus errores; cualquier estímulo, por débil que resulte, desvía su atención; frena con dificultad las asociaciones secundarias.

Ya se dijo anteriormente que la función reguladora se encuentra en relación con la maduración de los lóbulos frontales. Por este motivo, en algunos casos de patologías cerebrales se observa un insuficiente desarrollo de la función reguladora del lenguaje interno y del pensamiento verbal.

Se observa una perturbación en la realización de las acciones y movimientos voluntarios. También se puede registrar cómo en las personas con lesiones en los lóbulos frontales las instrucciones pierden su función reguladora.

Cuando al investigado se le ordena que apriete una pelota, por lo general logra, en la primera ocasión, realizar la orden correctamente; en adelante la misma orden no da lugar al movimiento, sino a una reacción ecolálica, en la que el paciente empieza a repetir la orden recibida sin realizar la instrucción.

Partiendo de la importancia del lenguaje para el desarrollo de la actividad psíquica en general, uno de los aspectos que debe tenerse en cuenta es la necesidad del desarrollo de sus funciones y, en específico, de la función reguladora.

CAPÍTULO VI. - LA MEDIACIÓN VERBAL DE LA ACTIVIDAD PSÍQUICA

VI. 1.- Fundamentos

La caracterización más exacta en correspondencia con el pensamiento de la psicología actual respecto a las funciones psíquicas se encuentra encerrada en las siguientes palabras de A. R. Luria:

"Las funciones psíquicas superiores del ser humano constituyen complejos procesos autorregulados, sociales por su origen; mediatizados por su estructura, conscientes y voluntarios por el modo de su funcionamiento." [19]

Lo estudiado contribuye a la comprensión de la importancia del lenguaje en la vida psíquica del sujeto. Sabemos que debido a la palabra, el individuo se apropia de toda la experiencia social; que, precisamente, por el lenguaje logra salir del campo limitado de lo sensorial propio del mundo animal. El sujeto alcanza, en el proceso comunicativo, las formas más altas de regulación sobre la base de la interiorización del lenguaje.

En relación con la actividad verbal se señala que el lenguaje es la función central de las relaciones sociales y de la conducta cultivada de la personalidad.

La actividad creadora, la socialización del ser humano y el lenguaje implícito, son las premisas que hacen pasar la psiquis del ser humano a niveles superiores. Bajo la influencia del lenguaje, los procesos psíquicos se reorganizan y se someten a la fuerza reguladora ejercida por él, asumiendo un carácter mediato.

La personalidad en desarrollo manifiesta su evolución en un contexto de actividad conjunta donde se forman sus componentes inductor y ejecutor El contacto afectivo favorable, la comunicación emocional desde la fase prenatal y todo el amor posterior irradian seguridad hacia el niño o la niña, lo inducen hacia el afecto y la cooperación.

---

[19] *A. R. Luria: Ob. Cit., p. 34.*

El ritmo, la entonación apropiada registrados como recursos por excelencia para la comunicación en la fase preverbal señalan el camino hacia las motivaciones por la actividad conjunta, el querer hacer y la formación de las necesidades e intereses sociales. El lenguaje cumple su cometido pragmático mientras se prepara para asumir rol en el planeamiento y programación de las ideas que se codifican.

El querer hacer lleva al hacer y al saber hacer. La ejecución implica operacionalidad y, por tanto, la asunción de vías optimas de cognición en el tránsito de la manipulación objetal a la imagen y de ahí a la palabra. Esto ocurre desde lo no verbal a lo verbal. El niño o la niña ejecuta y el adulto habla, luego él habla sobre lo que ejecuta con el objeto o representa para más tarde hablar de lo que hizo y luego hará.

El querer hacer lleva a hacer, los períodos de actividad y ejercitación aumentan y con ello la capacidad de trabajo y la organización de la atención. Los aprendizajes sociales con la mediación del lenguaje son factibles y sólidos Sin amor, actividad conjunta y lenguaje implícito no es factible el desarrollo de la personalidad plena.

La vida social se encuentra regulada por valores morales, éticos y legales formulados en palabras orales y escritas. En una sociedad más que en otras los registros son más relevantes en una forma u otra, pero en todos los casos se opera en el código verbal. Este es un resultado de la vigencia del lenguaje en toda vida social del ser humano.

Obviar la posibilidad del dominio pleno de la lengua materna es deprivar de cultura al niño. José Martí indicaba que el único modo de ser libre es siendo culto. El dominio de la lengua materna es una necesidad estética y ética. La palabra debe recrear en la forma y hacer eco en el alma para dimensionar y redimensionar al por ser humano.

La abstracción y la generalización constituyen los principios fundamentales de la actividad cognoscitiva del cerebro. Ambas operaciones se apoyan en el desarrollo funcional de la palabra.

Todo esto habla, en forma general, de la medida en que el lenguaje abarca la actividad psicosocial del ser humano. La conciencia humana se forma bajo la participación directa e indispensable de la actividad verbal; con ella tiene lugar el enriquecimiento de los conocimientos del ser humano.

El lenguaje es expresión de la conciencia práctica, existe para los demás y por tanto existe también para sí mismo. Así, podemos percatarnos de la importante función que desempeña el lenguaje en la actividad psíquica general del ser humano. La base principal del desarrollo de los procesos psíquicos la proporciona la experiencia social, que se hace posible en el proceso comunicativo con la intervención directa del lenguaje.

En igual medida se puede hablar sobre el valor de este, en el plano ontogénico. El lenguaje interviene en el desarrollo psíquico del niño o la niña desde los primeros meses de vida. El lenguaje del adulto influye sobre la actividad psíquica de aquel llevándola a un nivel funcional más elevado.

El dominio de todas las formas y manifestaciones del lenguaje, según las capacidades individuales significa poseer el medio más poderoso del desarrollo intelectual del ser humano.

No debemos tener una visión limitada sobre el proceso de aprendizaje de la lengua materna. El desarrollo psíquico del niño o la niña no puede ser reducido a la simple acumulación de hábitos.

Semejantes puntos de vista hacen ver la enseñanza y la educación como una ejercitación en el proceso espontáneo de formación de los procesos psíquicos. De aquí que en algunos casos se tenga a la actividad educativa como un medio de aceleración en la formación de los procesos psíquicos.

Los procesos psíquicos se forman como resultado de la actividad social del individuo. Para que estos puedan alcanzar la estructura funcional compleja que los caracteriza, necesitan de la interacción con el medio circundante.

En el análisis que se realizó sobre los cambios funcionales que sufre la palabra en el plano ontogénico, pudimos ver cómo estas pasan de su función inicial referencial - objetal a la de significado (categorial).

Al principio, simplemente sustituye, duplica el objeto, luego, también lo analiza para poder abstraer y generalizar sus características e incluirlo en un sistema de enlaces y relaciones. La palabra deviene en un instrumento de abstracción y generalización que son las operaciones más importantes de la conciencia. De esta forma, la palabra asume un lugar central en el desarrollo psíquico del niño o la niña. Se convierte en la medida que alcanza niveles funcionales superiores, en la cédula del pensamiento.

A su vez, el significado generalizado hace posible la comunicación, y con ella la codificación del pensamiento y la debida comprensión por parte del interlocutor.

Se puede señalar que con estas variaciones cambia no solo su estructura semántica, sino también el sistema de procesos psíquicos que está detrás de ella. En la función referencial-objetal, el papel principal lo desempeñan las sensaciones de los objetos percibidos por los órganos de los sentidos del niño o la niña.

En la siguiente etapa este papel primordial lo desempeña la memoria, la imagen inmediata, que reproduce una situación determinada en la cual se encuentra incluido el objetivo dado y, por último, resultan fundamentales las relaciones lógicas establecidas a partir de su formación particular y de su nivel de especialización en relación con el objeto.

El desarrollo funcional de la palabra permite comprender la conexión estrecha que existe entre los procesos psíquicos y el lenguaje en general.

Para todos los que se interesan en los estudios del lenguaje en relación con el pensamiento y la actividad cognoscitiva, resulta evidente la importancia de este en la actividad psíquica del individuo.

Sin embargo, no puede decirse lo mismo en el sentido contrario, es decir, en cuanto a la intervención de los procesos psíquicos en la aparición del lenguaje.

Ahora bien, si analizamos lo expuesto más arriba sobre el crecimiento funcional de la palabra, veremos que ese proceso se encuentra en dependencia de la formación de los demás procesos y estados psíquicos.

Si no están dadas las condiciones senso-perceptuales, si la atención no se ve influida por la palabra del adulto y logra establecer la selección del objeto nombrado, esto es, su discriminación, llevándolo al primer plano dentro del medio en que se encuentra presente, si no se hace posible la fijación en la memoria, entonces el niño o la niña no puede emitir las palabras que tienen un carácter simpráxico (situacional), por no hablar de etapas ulteriores.

A partir del análisis que se realizó sobre la interacción de los procesos psíquicos, quedó establecido que las funciones más elementales de la psiquis sirven de apoyo para la formación de las superiores y luego son sometidas a la influencia del lenguaje.

Las ideas encerradas en estos planteamientos son de gran importancia, pues no sólo perfilan cómo tiene lugar la formación de las actividades mentales desde el punto de vista psico - fisiológico, sino que sirven para comprender cómo pueden afectarse los procesos psíquicos en presencia de un estado patológico, tanto en lo referente al desarrollo como a las estructuras funcionales complejas ya formadas.

La interacción existente entre los procesos psíquicos se hace más evidente si partimos de la visión establecida sobre los sistemas de señales.

La percepción, la atención y la memoria son comunes a personas y animales. Son procesos tanto del primero como del segundo sistemas de señales. El lenguaje es precisamente el elemento integrante de la psiquis del ser humano que lleva los procesos psíquicos a un plano superior, lo que le permite alcanzar el nivel propio de la conciencia humana.

El estudio comparado de niños y niñas entre 5 y 6 año, con el desarrollo del lenguaje sin y con insuficiencia en el desarrollo de los aspectos fonético – fonemáticos, léxico y gramatical en el grado menos asevero de la clasificación (III nivel) de R. E. Lievina (1968) se pudo observar experimentalmente. El estudio comprendió el control de la variable género, de tal manera que se hizo factible presentar resultado de esta perspectiva. Ello abrió las puertas hacia la mediación en el desarrollo desde esta perspectiva. E. Figueredo, 1989.

En la solución de las diferentes tareas experimentales relacionadas con el estudio sistémico de las particularidades del lenguaje expresivo e impresivo, acciones perceptuales visuales, la memoria y atención se pudo constatar que las niñas de ambos grupos se orientan más rápido que los niños en la adopción de vías más productivas en la solución de las tareas, mientras que el activismo motriz de los niños era mayor. Lo que se acompañaba con fluidez en la aplicación de cambios tácticos. Ello argumenta a favor de facilitar el aprendizaje en contextos cooperados, atendiendo al género, lo que ejemplifico en el libro Progresión de Aprendizajes Básicos un Enfoque Ontogénico (2020).

Todos los niños y niñas de ambos grupos mostraron una inducción favorable a participar en el cumplimiento de las tareas enfocadas desde una perspectiva lúdica. Motivados asumieron el cumplimiento de las tareas. Sólo en el caso de los que presentaban insuficiencias en el desarrollo del lenguaje recibieron de explicaciones por vía verbal y de no proceder, se procedía a la demostración, para que luego continuar.

Las evidencias del comportamiento de ambos grupos de niños serán presentadas en la medida que se traten los estudios que siguen sobre la interacción entre el desarrollo psíquico y el lenguaje.

VI. 2.- Sensación y Percepción

Analizando lo dicho hasta aquí, podemos comprender que el primer nivel en la cognición del mundo circundante está dado por las sensaciones y las percepciones, que son precisamente premisas de la formación del lenguaje.

Para que la palabra pueda ponerse al servicio del pensamiento lógico debe estar apoyada en imágenes claras y definidas que son expresiones de la relación directa con el mundo objetal.

El desarrollo sensorial y el verbal se producen en una estrecha unión; de aquí que la labor encaminada al desarrollo del lenguaje no se pueda separar de la dirigida a la educación sensorial.

El niño o la niña obtiene, a través del contacto sensorial con el mundo, representaciones concretas de los objetos y fenómenos. La palabra fija estas imágenes y luego facilita su abstracción y generalización.

Todo el conjunto de estímulos correspondiente al primer sistema de señales establece los fundamentos para que la palabra alcance su significado y sea fuertemente fijada y respaldada por la realidad concreta.

La palabra que escucha el niño o la niña no debe ser un simple conjunto de sonidos, sino que debe estar conectada al objeto; no debe falsear la realidad, sino reflejarla y facilitar al por ser humano el conocimiento de ella. Fija lo sensorial, se separa de él, abstrae y generaliza, para profundizar en la esencia de la realidad circundante. Esto señala al desarrollo dialéctico del pensamiento como el paso de lo concreto a lo abstracto, bajo la participación del lenguaje. La palabra hace posible el paso de la contemplación directa del mundo a las abstracciones y generalizaciones para luego de forma enriquecida retomar la actividad práctica.

Sabemos que en los casos en que la enseñanza no tiene en cuenta la necesidad del desarrollo sensorial del niño o la niña, en que omite este se ocupa de la entrega de un cúmulo de palabras desvinculadas de la realidad, se produce la formación de un lenguaje artificial.

La palabra ha de prevalecer en la cognición del mundo por el niño o la niña, pero a su debido tiempo y apoyándose en las sensaciones, percepciones y representaciones obtenidas del mundo circundante. No sólo se separa poco a poco del complejo de estímulos en que se encuentra incluida, sino que bajo su influencia, la percepción del niño o la niña obtiene nuevas características, se inclina a la identificación de los caracteres principales del objeto y, al mismo tiempo, facilita su mejor fijación. Se abstraen sus características principales proporcionándole un carácter estable y generalizador.

La percepción, acompañada de la palabra, toma nuevos matices, e inclusive puede ser influida de tal forma, que implique una variación en su carácter selectivo y determinado. Percibir conscientemente el objeto quiere decir nombrarlo mentalmente, lo que significa clasificarlo en un determinado grupo o categoría, generalizarlo mediante la palabra.

En el caso de las figuras de doble sentido se puede observar que, si se orienta al individuo, este percibirá precisamente aquella figura que ha sido nombrada. La influencia verbal se hace dominante y organiza la percepción en el sentido señalado por la palabra.

El desarrollo de las percepciones visual, táctil, del espacio y las relaciones espaciales de los objetos, la percepción diferencial del sonido del lenguaje, entre otras, crean la base para la percepción generalizadora y para la formación de imágenes reales del mundo objetal, lo que implica la creación del cimiento en que ha de levantarse el lenguaje en su formación. De igual modo, éste, en la medida en que aparece, influye sobre los procesos perceptuales, haciéndolos más exactos y generales.

En los primeros años de vida el lenguaje interviene sobre todo en el desarrollo de las sensaciones y percepciones, en la formación de los procesos gnósicos. El dominio pasivo del lenguaje a la edad de un año facilita el establecimiento de la percepción selectiva y generalizadora.

El lenguaje les proporciona a todas las funciones sensoriales un carácter activo e impulsor; por medio de él, se amplían la representación y la memorización de los objetos y fenómenos del mundo circundante.

El desarrollo del sistema funcional verbal opera en la posibilidad de los actos gnósicos óptico-espaciales, táctil y auditivos. A su vez, el reconocimiento objetal permite el tránsito hacia las acciones perceptuales de identificación de sus versiones similares, de comparación sobre la base de determinados atributos del objeto: color, forma, tamaño, etc. y modelado: formación del objeto a partir de sus partes.

Se fortalece la relación objeto-palabra y sus partes y atributos se hacen más sólidos y representativos con la presencia de la palabra del adulto que guía el camino de las acciones perceptuales: el niño o la niña ejecuta mientras el adulto habla sobre lo que este ejecuta. Esto lo podremos observar más adelante cuando tratemos la fuerza reguladora del adulto en la formación del pensamiento en complejos.

Los estudios comparados de niñas y niños con y sin trastornos del lenguaje a los 5 a 6 años muestra que los que tienen una adecuada evolución del lenguaje reconocen visualmente más fácilmente los objetos en condiciones de disminución progresiva de sus rasgos característicos y acompañaban sus acciones con verbalizaciones. Mientras que los otros necesitaban más tiempo, mostraban inseguridad y algunos errores, los que eran corregidos presentando el objeto a reconocer con todos sus rasgos y la presencia de verbalizaciones era de baja frecuencia. Estaba clara la presencia de la palabra como un medio enriquecedor del proceso cognoscente.

La identificación visual de objetos tuvo lugar sin errores en ambos, pero con la diferencia ya indicada con respeto al activismo verbal, haciendo referencia a sus cualidades y vivencias con los mismos.

Estas evidencias experimentales demuestran la relevancia de interacción entre el desarrollo de la identificación visual de objetos y sus representaciones y el desarrollo del lenguaje.

Durante la ejecución de comparaciones de objetos por sus formas, teniendo un patrón a seguir: triangulo, cuadrado y círculo, se pudo observar que en los niños y niñas con insuficiencias en el desarrollo del lenguaje implementaban el acercamiento del objeto que comparaba con el patrón a seguir para decidir su ubicación entre las opciones de formas indicadas. Resalto la frecuente incidencia de errores cuando se trataban de objetos que por una parte relevante se podría considerar de una forma y no de otra. Ejemplo: la imagen tradicional del bombillo (ampolleta). Las diferencias fijadas por medio del análisis estadístico fueron baja (∞ = 0,05).

Las actividades relacionadas con el modelado o armado de rompecabezas marco mayor apoyo en la concreción de la tarea en los niños y niñas con trastornos del lenguaje. Lo que se hizo más evidente en el caso de las figuras multiangulares y sin fondo, así como el número de partes a integrar. La demostración parcial y la muestra del objeto que se lograba integrar facilitaba el cumplimiento de la tarea. Se precisa que en algunos casos se abandonara la tarea, lo que tuvo lugar entre los niños del grupo con trastornos del lenguaje.

La palabra se consolida en su interacción con el objeto y su correspondiente imagen como facilitados del propio accionar cognoscente y fijación en la memoria a corto y a largo plazo.

VI. 3.- Memoria

El lenguaje tiene gran importancia en el desarrollo de la memoria y, en específico, la verbal, la cual es necesaria para la formación del pensamiento generalizador.

La memoria humana (indirectamente) se manifiesta apoyándose en el lenguaje y raras veces en otras formas indirectas. Al igual que la percepción, se realiza con la ayuda de la actividad verbal. De los distintos tipos de memoria (visual por imagen, memoria emocional y lógico-verbal), la que se encuentra en más estrecha relación con el lenguaje y el pensamiento es la memoria lógico-verbal, que está dirigida a la retención y reproducción, sobre todo, de las ideas.

Tanto la memoria de larga como de corta duración participan en la actividad verbal. Como señalan estas denominaciones, se caracterizan por el tiempo en que es conservado el material. En la memoria de larga duración la información verbal se conserva mucho tiempo. En ese tipo de memoria se conservan las palabras, las formas gramaticales, las reglas de construcción de la oración, etc., por lo que es mucho más voluminosa. El hecho de que podamos recordar cosas ocurridas en la infancia afirma lo planteado.

En contraposición a la memoria de larga duración, la corta es limitada. En ella se encuentran aquellos elementos que, desde el punto de vista funcional, son necesarios en un momento dado.

La memoria de larga y corta duración se extienden a los distintos analizadores observándose su funcionalidad en relación con el lenguaje. Cuando recibimos una emisión incorrecta, enseguida nos percatamos de esto, estableciendo la correspondiente comparación con los modelos fijados y conservados en ellas. A su vez, de ella seleccionamos las palabras y las estructuras, a través de las cuales se relacionan en la oración.

En el lenguaje oral existen pausas que reflejan el tono emocional de la expresión. Estas pausas se encuentran en relación con la memoria operativa.

En la memoria de corta duración se efectúa el proceso de construcción de la expresión verbal. En ella se encuentran presentes los elementos implicados en la información por un corto tiempo.

De igual forma, se encuentra implicada la memoria de corta duración en la realización de operaciones determinadas. La capacidad de reconocer los sonidos en sucesión debe significar que los sonidos nuevos no borren a los que antes le precedieron. Si ello sucediera, no se podría recepcionar el lenguaje, porque hasta la pronunciación de una sílaba exige cierto tiempo y no puede ser que la segunda parte borre la primera.

Se puede observar la conexión orgánica de la audición, el tiempo psíquico auditivo, la memoria operativa y el lenguaje.

El estudio comparado de niñas y niños con y sin trastornos del lenguaje en relación con el desarrollo de la memoria voluntaria de representaciones de imágenes y sus respectivas palabras nominativas mostró que en ambos grupos de niñas y niños recordaban mejor los estímulos de los extremos, lo que se reconoció como el efecto lateral y que fue asumido como argumento para organizar la memoria tanto visual como verbal. Es decir los estímulos nuevos o que tienen más bajo dominio deben ubicarse en los extremos de las cadenas de estímulos, por ejemplo en una lectura las nuevas palabras deben estar al inicio o al final de este y evitar que se ubican en el centro.

Los volúmenes promedio de reproducción fueron más bajos en los niños con trastornos del lenguaje: 5 con una dispersión entre 2 y 9 reproducidos, donde el promedio de los niños fue 4 y el de las niñas 5. Es decir con diferencias individuales más significativas que en las niñas. Mientras que el caso del otro grupo de niñas y niños el promedio fue 7 con una dispersión entre 5 y 9. Donde el promedio de los niños fue inferior: 7 y el de las niñas 8. Con ello se reafirma la idea de la diferencia de resultados atendiendo al género.

Es relevante destacar que la tendencia de las curvas de reproducción de estímulos tiene la misma tendencia, es decir ni se convierte en un plato ni desciende. Lo que es un indicador de altas potencialidades del desarrollo. A ello se suma con no siempre en todos los ejercicios tienen más bajos resultados. Se consideran irregulares por esta razón, lo que también es un indicador de proyecciones favorables del desarrollo integral de los niños con insuficiencias en el lenguaje.

VI. 4.- Atención

La atención se encuentra, en igual medida, vinculada al lenguaje. La interacción existente entre ambos se observa a lo largo del desarrollo psicológico del niño o la niña.

En su desarrollo, la atención va desde su fase involuntaria hasta terminar en la postvoluntaria. La aparición de su forma voluntaria coincide con el surgimiento de las primeras palabras al final del primer año de vida.

La interacción existente entre la atención y el lenguaje, en el desarrollo del niño o la niña, se encuentra destacada en el planteamiento de A. R. Luria: "La denominación del objeto por parte de la madre, y su gesto indicador, reorganiza la atención del niño o la niña, y separa el objeto mencionado de entre las demás cosas.

En consecuencia, la atención del niño o la niña deja de subordinarse a las leyes del reflejo de orientación, provocado por la fuerza del estímulo o por su novedad, y comienza a subordinarse a la acción del lenguaje del adulto."[20]

El que el niño o la niña pueda establecer la relación entre las palabras y el objeto designado, depende del grado de desarrollo que alcance su atención. Si el niño o la niña se distrae con facilidad, cualquier estímulo por débil que sea, lo ocupa o por el contrario, se le dificulta el paso de una actividad a otra, entonces el lenguaje se verá afectado en su formación. La palabra se verá limitada en el establecimiento de su función inicial (referencial-objetal).

El estudio comparado de niñas y nos con y sin trastornos del lenguaje al darle cumplimiento a una tarea considerada monótona, consistente en clasificar cuadrados de colores en sus respectivas cajas con control visual sobre el proceder durante 10 minuto sin que tuvieran conocimiento de ello, se pudo observar que además de la ya presentada diferencia en la asunción de estrategias productivas,

También los errores eran más en el inicio de la actividad que durante el transcurso de la misma, lo que argumenta a favor de que los errores se vinculaban a la asunción de las estrategias de solución que a la atención. No obstante, se registraron durante todo el

---

[20] *A. R. Luria: Conciencia y lenguaje, p. 109.*

proceso, pero sin tender aumentar significativamente su cantidad. En particular, las evidencias de resultados más bajos en la atención se encontraban en que los niños y niñas con trastornos del lenguaje y no siempre corregían sus errores, en particular era propio de los niños.

La presencia de verbalizaciones espontaneas, incrementadas con el dominio estratégico de la actividad que desarrollando era propio de los niños y niñas sin trastornos del lenguaje, en particular de las niñas. Incluso podían hablar sobre lo estaban haciendo, proyectaban ejecutar y avanzada la actividad comenzaban a hablar de vivencias pasadas en el jardín, el hogar, las vacaciones, etc. Es decir simultanear la actividad manual y verbal demanda de su dominio y acercamiento paulatino, lo que se constituye en una orientación metodológica para mediar en la mediación en el desarrollo del lenguaje.

VI. 5.- Imaginación

La imaginación se encuentra relacionada con el lenguaje; se pudo comprobar experimentalmente la participación del lenguaje en este proceso. En la situación experimental se les pidió a los niños que dibujaran el mundo, comprobándose que la mayor parte de los elementos dibujados correspondían a aquellos cuya denominación era conocida por ellos (cayos, penínsulas, etc.).

Este proceso consiste en la transformación de las representaciones, es decir, de las imágenes fijadas anteriormente, dando lugar a la aparición de una nueva representación. Para que esto pueda efectuarse se debe operar con la experiencia pasada; tener como base el reflejo de la realidad objetiva que, como señaláramos anteriormente, se fija mediante la palabra.

Por lo estudiado hasta aquí, se ha podido comprobar el valor funcional de la palabra en el desarrollo psíquico del sujeto. En adelante, se centrará la atención en la interacción existente entre el pensamiento y el lenguaje.

VI. 6.- Pensamiento

De forma general se puede decir que, en la medida en que se desarrolla el lenguaje, se hace posible también la realización de las operaciones intelectuales como son la comparación, el análisis y la síntesis. Esto tiene lugar, sobre todo, como una consecuencia de que conjuntamente con el significado de una u otra palabra, se reflejan al mismo tiempo las características generales y diferenciales de los objetos designados a través de un complejo sonoro específico. En este sentido, cada palabra ya implica un determinado nivel de generalización.

En los retardos mentales no se forma la función generalizadora. En estos casos, el pensamiento tiende a tener un carácter predominante concreto, inmediato, y refleja con dificultad el sistema de relaciones lógico-verbales. Por otra parte, las insuficiencias verbales pueden reflejarse en su desarrollo. De ahí la importancia de comprender la interacción existente entre ambos, lo que analizaremos a continuación.

El valor real del lenguaje en la formación del pensamiento humano se comprende porque posibilita penetrar más profundamente en los fenómenos de la realidad, en las relaciones entre las cosas, las acciones y las cualidades y posee un sistema de construcciones sintácticas que permiten formular la idea, expresar un juicio. Además, el lenguaje dispone de formaciones más complejas que posibilitan el pensamiento teórico y que permiten al por ser humano salir de los límites de la experiencia inmediata y sacar conclusiones por la vía lógico verbal.

El lenguaje humano se encuentra en estrecha interacción con todos los procesos psíquicos, pero es fundamental la relación existente entre el lenguaje y el pensamiento. Sabemos que este último es el reflejo generalizado de la realidad, que tiene lugar en su forma superior a través de la unidad dialéctica entre él y el lenguaje. La lengua brinda los medios para que el sujeto pueda pasar de lo subjetivo a lo objetivo, de lo particular a lo general y, de tal forma, alcanzar la experiencia social.

La abstracción y la generalización conforman el aspecto operativo del pensamiento y tienen como fundamento los medios verbales. Las palabras representan una abstracción de la realidad y permiten la generalización, que constituye el pensamiento superior, específicamente humano y personal.

Se hace referencia a una unidad funcional entre ambos procesos psíquicos, sin embargo, no siempre se ha visto esta interacción de tal forma. En algunas ocasiones se han identificado el pensamiento y el lenguaje haciéndolos equivalentes; en otras los han separado radicalmente.

El pensamiento se encuentra en estrecha relación con la actividad cerebral y solamente puede realizarse en su **forma superior**, teniendo como base al lenguaje y a través de este, es decir, no puede darse al margen del lenguaje; su relación es indisoluble, tanto en su génesis como en su existencia. Con ello, no se desconoce que el pensamiento antes de alcanzar su forma superior de existencia transita por formas anteriores, relacionadas con las acciones inmediatas con el mundo objetal (pensamiento por acción) y luego con las imágenes (pensamiento por imagen).

La indisoluble conexión en que se encuentran el lenguaje y el pensamiento se manifiesta en su función como envoltura del pensamiento humano y con ello, posibilita la existencia de la sociedad misma.

Para que el niño o la niña pueda comprender la realidad circundante y penetrar en la esencia de los fenómenos que lo rodean, le resultan insuficientes los medios presentes desde su nacimiento, necesita de una debida socialización y de un medio que le facilite, de forma mediata, apropiarse de aquella experiencia que no depende directamente de sus órganos sensoriales. Indudablemente, estamos refiriéndonos al lenguaje.

Para poder dar una correcta interpretación a las características funcionales presentes en esta unidad, hay que tratar de nuevo al tema de la lengua y lenguaje verbal ya estudiados. En ese análisis quedó establecido que ambos están conectados entre sí y que el lenguaje verbal se hace posible por los recursos que le brinda la lengua y, de hecho, esta toma existencia en la actividad verbal.

El pensamiento abstracto es verbal y la lengua es la condición necesaria para su aparición y existencia. A través de esta, él va más allá del reflejo sensorial de la acción inmediata de los estímulos sobre los órganos de los sentidos. De tal forma tiene lugar un modo abstracto y generalizado de reflejar la realidad.

La lengua constituye su medio de realización y se encuentra presente tanto en la comunicación con las demás personas, como en el pensar para sí. Con lo dicho queda establecida la relación existente entre el pensamiento y su envoltura idiomática, es decir, la lengua, cuando se forma y se realiza en la actividad verbal. S. L. Rubinstein afirmó:" un pensamiento antes de ser expresado en el lenguaje es solamente pensamiento planteado, o sea, dado tan solo 'implícitamente' a través de sus relaciones con el pensamiento dado ya de manera explícita en el lenguaje."[21]

Realizando un análisis de este planteamiento, se debe entender que el pensamiento se realiza y existe ligado a las formas materiales de la lengua. En lo anteriormente expuesto no se desconoce que el pensamiento puede tener lugar en forma de imágenes, que esencialmente cumplen en él la función del lenguaje.

Experimentalmente se ha demostrado que la unidad a que nos referimos no constituye una identidad. Por ejemplo, se puede ver que la estructura verbal que origina una idea puede desaparecer en la memoria y quedar retenida con más facilidad la idea o pensamiento, usted puede tener la idea clara y no contar con los recursos verbales para exponerlo. Incluso contando con ellos, puede ser que los enunciados generados no sean una expresión fiel de lo que se quiere expresar y eso lo lleva a su reformulación, tantas veces como resulte necesario.

También se ha constatado que en más de una ocasión, se ha escrito algo que se ha entendido y cuando se retoma, es decir, se lee lo escrito, no lo entiende; de tal manera que las formulaciones verbales no evocan la idea que se quiso conservar de forma escrita. La estructuración verbal puede quedar y la idea perderse.

Muchas veces los estudiantes transitan por esta situación cuando se ponen a revisar las notas de clases durante los estudios independientes. Por eso se aconseja entender el máximo, escribir lo mínimo y utilizar en lo posible enunciados propios y no palabras textuales del expositor.

---

[21] *S. L. Rubinstein: El desarrollo de la psicología, p. 155.*

La existencia del lenguaje no se reduce a su componente sonoro y que ante todo está dado en la estructura morfo - sintáctica del lenguaje interno.

El conocimiento de las características del lenguaje interno y su participación en la generación del enunciado permite comprender por qué el pensamiento no puede ser reducido al lenguaje, y por qué a éstos no se pueden considerar idénticos. Sobre lo referido se trata en capítulo VII de este libro.

El lenguaje no es el simple instrumento a través del cual el pensamiento tiene lugar, sino que él participa en la realización de este desde los niveles más profundos. Está implicado en el proceso del pensamiento como forma vinculada a su contexto. Al crear el pensamiento su forma verbal se forma a sí misma.

De igual manera, a la luz de las ideas de L. S. Vygotsky sobre el lenguaje interno, expuestas en su libro **Pensamiento y lenguaje**, en torno a los planteamientos de J. Watson, quien considera el pensamiento y el lenguaje interno como una misma cosa, semejantes planteamientos quedan infundados.

L. S Vygotsky, a manera de ejemplo, expone el hecho de que un individuo puede recitar de memoria un poema, que se le ha dado con fines experimentales, sin incluir en esa actividad los procesos del pensamiento.

Por medio de una representación esquemática, describe la relación existente entre el lenguaje y el pensamiento dentro de una zona de intersección, a la cual le corresponde el pensamiento verbal. Aquellas zonas que no se encuentran dentro de ella corresponden a otras formas del pensamiento y del lenguaje.

Los estímulos cinestésicos que parten de los órganos articulatorios del lenguaje hablado constituyen una condición necesaria para la realización y existencia del pensamiento abstracto verbal. La relación existente entre el pensamiento y el lenguaje se encuentra presente tanto en el caso del sujeto que piensa en voz alta, como en el pensar para sí.

Los mismos impulsos cinestésicos son enviados, con la diferencia de que cuando el individuo piensa para sí, las contracciones musculares son más débiles, están inhibidas y por tal motivo no se produce la sonorización correspondiente. De estos planteamientos se desprende que, en el desarrollo la pronunciación contribuye al desarrollo del pensamiento.

Establecida la interacción existente entre el pensamiento y el lenguaje, se presenta un esbozo sobre **la formación ontogénica** de ambos procesos psíquicos. Antes se señala que, tanto en el análisis filogénico como en el ontogénico, se ha podido llegar a conclusiones similares en cuanto a las características presentes en el desarrollo del pensamiento y el lenguaje.

Con los cambios que se operan en el desarrollo del lenguaje, este va desde el desempeño inicial de la función comunicativa hasta convertirse en el instrumento del pensamiento, con su consiguiente interiorización. El lenguaje añade a su función comunicativa la reguladora y la noética[22].

Desde su comienzo, el lenguaje del niño o la niña crece en el desempeño de su función comunicativa. Primero el grito, después el gorjeo, el balbuceo y las primeras palabras, enmarcan una etapa inicial de su formación que L. S. Vygotsky llamó preintelectual.

El evidente aumento de la relación activa del niño o la niña con el lenguaje, el consiguiente enriquecimiento del vocabulario y el incremento del componente gramatical, son en general síntomas que señalan cómo el lenguaje va desde sus formas más simples de manifestación, hasta formas complejas y abstractas para finalmente convertirse en el instrumento del pensamiento, es decir, el medio a través del cual el niño o la niña comienza a razonar.

Se percibe que el lenguaje y el pensamiento llevan curvas de desarrollo propias que tienden a un acercamiento estableciéndose a la edad de dos años. De esta forma las curvas separadas anteriormente se encuentran para que ambos procesos alcancen las particularidades superiores del pensamiento verbal. Este momento fue caracterizado por L. S. Vygotsky como el instante inicial en que el lenguaje comienza a servir al intelecto y los pensamientos empiezan a ser expresados.

De la misma manera que el lenguaje, en su desarrollo ontogénico presenta una etapa preintelectual, el pensamiento presenta en su desarrollo una etapa prelingüística. El pensamiento en su evolución va desde la manipulación sin un objetivo (primer

---

[22] *Nota del autor: Relativo al intelecto*

año de vida) a través del período de acciones con objetos, hasta el desarrollo del pensamiento de acción por imágenes.

La diferencia entre el desarrollo del pensamiento y del lenguaje está dada en que el niño o la niña puede tener formada perfectamente la capacidad de realización de acciones con objetos sin dominar las designaciones o los nombres de los objetos y de aquellas acciones que realiza con ellos.

Posteriormente, en el período de pensamiento visual por imágenes, el niño o la niña puede accionar correctamente en una situación dada, por analogía con las acciones anteriores, basándose en la experiencia acumulada de lo visto y oído.

Hacia los cinco-seis años se observa ya formada la capacidad de razonar y deducir. Conocemos de las transformaciones que tienen lugar en este período, como son la conformación final de los lóbulos frontales y la interiorización del lenguaje para ponerse de una forma especializada al servicio del pensamiento.

"El crecimiento intelectual del niño o la niña - dice L. S. Vygotsky - depende del dominio de los medios sociales del pensamiento, esto es del lenguaje."[23]

Ya en este momento la palabra actúa como generalizadora de conceptos sobre los objetos y fenómenos. Se puede entonces decir que el lenguaje ha alcanzado su segunda función. Se ha convertido en el instrumento del pensamiento. De aquí en adelante el desarrollo del niño o la niña se basa en el pensamiento lógico-verbal.

No obstante, esto no quiere decir que el desarrollo del lenguaje no ocurra estrechamente vinculado al desarrollo de las diferentes formas del pensamiento. Ya en las interacciones con los objetos y sus representaciones la palabra está vigente. Primero sus formas impresivas para paulatinamente transitar hacia las expresivas. Queda clara la necesidad de que el niño o la niña domine el medio social del pensamiento, es decir, el lenguaje, para que logre su óptima formación intelectual. Es importante destacar la concepción metodológica que encierra la frase: hacer para hablar

---

[23] *L S. Vygotsky: Ob. cit, p. 66.*

como vía impulsora del desarrollo del lenguaje en los primeros años de vida.

Se debe tener en cuenta la influencia inversa, que es, la ejercida por el pensamiento sobre el lenguaje. Los procesos de abstracción y generalización, así como el análisis y la síntesis donde el lenguaje se encuentra implicado a su vez consolida su dimensión semántica.

A su vez, ambos procesos rigen la ulterior evolución del individuo. El desarrollo del pensamiento y el lenguaje son dos condiciones indispensables para la formación de las demás capacidades humanas. Se fortalecen uno al otro y regulan el proceso de formación.

El conocimiento de la relación existente entre el pensamiento y el lenguaje es de vital importancia:

1. Se obtiene una visión sobre la formación de esos procesos psíquicos superiores, tan estrechamente relacionados, y se estructura una unidad que no implica la reducción de uno a otro, ni tampoco su separación.

De lo anterior se puede deducir que el estado en que se encuentren estos procesos en su desarrollo se verá reflejado tanto en uno como en el otro y, por tanto, ambos deben ser objetos de atención.

Estas ideas llevan a un razonamiento profundo en el análisis de las necesidades de apoyos individualizados que se observan en la formación del lenguaje y el pensamiento. Se debe precisar la presencia de relaciones causa efecto en la interacción, es decir si coexistentes o interdependientes. Tener presente que una misma persona puede presentar cuadros de necesidades de apoyo de diferentes orígenes y naturalezas. Por ejemplo, una persona puede ser portadora de una disartria y también presentar una discapacidad intelectual (coexistencia) y puede por la misma disartria presentar un retardo en el desarrollo psíquico (interdependencia).

2. Permite en gran medida comprender por qué resulta necesario brindar a los niños y niñas con necesidades de apoyo en el desarrollo del lenguaje una atención especial desde los primeros

momentos. Teniendo en cuenta el análisis, se comprende que la atención debe comenzar lo antes posible.

3. Estos conocimientos hablan a favor de una actividad más amplia en el proceso de atención de las necesidades educativas especiales en el área del lenguaje. No se puede reducir su función a la realización mecánica de ejercicios, debe orientarse hacia el desarrollo armónico de toda la actividad psíquica, partiendo de las características individuales que presenta cada caso específico.

VI. 7.- Las habilidades Cognoscitivas No Verbales

Las habilidades están dadas por las acciones y operaciones que se realizan durante la actividad cognoscitiva. Las relaciones vivenciales facilitan la internalización de las particularidades de los objetos y fenómenos para que a nivel mental se evoquen imágenes o representaciones y luego verbalizaciones que serán recursos de cognición en el desarrollo de habilidades.

Cuando se tienen las representaciones mentales de los objetos es factible ejercitar las habilidades cognoscitivas no verbales y luego verbales. Siempre teniendo presente que al principio el activismo verbal es más del adulto que del niño o la niña.

Cuando las habilidades operan en el plano ejecutor, donde la imagen es la que representa el recurso de mediación esencial y la palabra simplemente acompaña la acción se considera que la habilidad es no verbal. Así un niño, por ejemplo, puede clasificar objetos sin que tenga que denominar los objetos que agrupa.

Habilidades no verbales:

- Identificar
- Comparar
- Clasificar
- Integrar o modelar

La habilidad para identificar se orienta a encontrar los semejantes entre varios objetos. Mientras que la comparación se realiza atendiendo a algún atributo de los objetos: forma, tamaño, color, etc. De tal manera que es dable identificar lo que se ha vivido, para luego poderlo comparar.

Fruto de las comparaciones se encuentran rasgos que son semejantes y diferentes. Con los comunes es que se realizan las agrupaciones y clasificaciones.

Todas las acciones con los objetos y sus representaciones de que implican contemplación, identificación, comparación, clasificado llevan al dominio del todo, de sus particularidades o componentes. Se hace factible ejercitar la integración o modelación, lo que se manifiesta en la formación del objeto a partir de sus partes.

En la ejercitación de las habilidades no verbales, el adulto ocupa expresiones exclamativas e imperativas que estimulan la acción o lo orientan en determinada dirección. Las interrogaciones son propias del desarrollo de las habilidades cognoscitivas verbales, ya que demanda de activismo verbal por parte del niño o la niña o niña, lo que implica conjugar acciones propias de la actividad que ejecuta con la generación de enunciados. Distribuir la atención entre la actividad no verbal y verbal demanda dominio por separado de ambas y su acercamiento paulatino, para no generar contradicciones en los apoyos que se brindan al sujeto en desarrollo.

VI. 9.- Habilidades Cognoscitivas Verbales

En el caso que las habilidades operan en el plano ejecutor, donde la palabra es la que representa el recurso de mediación esencial y la imagen acompaña la acción, se considera que la habilidad es verbal. Así un niño o niña, por ejemplo, puede clasificar objetos, los denomina y los categoriza: la silla, la mesa y el sofá son muebles. Habilidades verbales:

- Describir
- Comparar
- Clasificar
- Definir
- Argumentar

Describir consiste en fotografíar el objeto por medio de la palabra y oraciones. Es el equivalente de la habilidad de identificar. Se logra evocar la representación del objeto en el que recepciona la descripción. Implica nombrar, cualificar, evocar sus acciones y relaciones en contextos determinados.

La comparación se realiza atendiendo a atributos de los objetos: forma, tamaño, color, etc., pero por medio de verbalizaciones. Permite observar lo común y lo diferente entre los que se someten a comparación a partir de rasgos seleccionados.

Los rasgos comunes generan las condiciones para que se pueda clasificar. Estos pueden ser de mayor o menor relevancia. Los de mayor connotación denotan la esencialidad y dan paso a la formulación de las definiciones. El dominio de las definiciones permite emitir juicios, lo que permite Argumentar.

De tal manera se puede observar que las habilidades cognoscitivas se desarrollan en relaciones directas con el objeto y mediadas por la imagen y luego por la palabra. Desde una postura ontogénica se transita de formas no verbales a las verbales. Todas ellas forman parte que quehacer de cualquier campo del conocimiento de la persona y se vinculan a la implementación de otras habilidades específicas de las ciencias y la cultura en general.

Si bien la asimilación de habilidades moviliza a la psiquis en general desde lo afectivo y lo cognoscitivo, a su vez cada componente de la actividad psíquica es dable a que se someta a ejercitación y se asuma el desarrollo de las habilidades para analizar, estabilizar la atención, memorizar de forma verbal, etc.

La habilidad está compuesta por acciones. A su vez, la acción está orientada al logro del objetivo y para ello evoca sus operaciones Por su parte, las operaciones son los procedimientos, las formas mediante las cuales transcurre la acción en correspondencia con las condiciones en que se debe alcanzar el objetivo. De tal manera, las habilidades cognoscitivas están dadas por el sistema de operaciones que garantiza la ejecución de las acciones con dominio por parte del sujeto y de forma autorregulada.

Lo expuesto tiene una gran importancia para la actividad práctica. Se puede comprender que la interacción existente entre los distintos procesos y estados de la psiquis del niño o la niña implica que las deficiencias verbales pueden tener su causa en limitaciones de índole sensorial. En sentido inverso, se puede observar un desarrollo sensorial limitado motivado por insuficiencias verbales.

Elementos como estos indican que, en el análisis de las necesidades educativas especiales en el área del lenguaje con fines de diagnóstico, se debe ser lo suficientemente profundo para poder establecer el elemento causal de requerimientos de apoyo.

Al mismo tiempo, esa interacción debe tenerse presente la pertinencia de los apoyos según necesidades individualizadas. Se debe definir si la estrategia se orienta hacia el desarrollo de las habilidades no verbales y luego las verbales, el desarrollo verbal como mediador de las habilidades no verbales y el desarrollo simultáneo de lo no verbal y verbal.

De forma general, se puede decir que, cualquiera sea la vía adoptada, indiscutiblemente parte de la relación existente entre los procesos psíquicos y el lenguaje, en el complejo general de crecimiento psico-fisiológico del niño o la niña. De igual manera, se puede decir que los apoyos diferenciados, conociendo las características presentes en el niño o la niña, independientemente del grado de severidad de las insuficiencias en el lenguaje, se debe prestar atención al desarrollo de los procesos psíquicos en general.

Así, en los casos que lo necesiten, se pueden establecer las tareas de tal forma que se cumplan varios propósitos a la vez. Por ejemplo, automatizar un sonido y ejercitar la memoria visual; o diferenciar dos sonidos y desarrollar la función generalizadora, entre otras.

Para que la atención responda a la concepción planteada, debe tener presente esta interacción y desechar de la práctica la ejercitación mecanicista encaminada a brindar apoyos individualizados sin tener presente una visión holística de la actividad psíquica, es decir sin tener presente la existente entre el lenguaje y los procesos psíquicos y, en específico, entre el pensamiento y el lenguaje.

Los estudios comparados entre niñas y niños con y sin trastornos del lenguaje sobre se estuvo compartiendo con anterioridad indican, que siguiendo el modelo de los componentes de actividad; las motivaciones, la atención y la capacidad de trabajo están mejor conservadas que la operatoria y la planeación. Lo que también habla a favor del diseño de la mediación en el desarrollo del lenguaje con énfasis aspectos organizativo y apoyos en la asunción de estrategias de solución de tareas con apoyos en relación los pasos a seguir.

Sobre los componentes de la actividad de aprendizaje es posible profundizar a través de la lectura del libro citado sobre progresión de aprendizajes de E. Figueredo, 2020. En general, lo tratado lleva implícito que los apoyos en la atención a las personas con necesidades individuales deben ser desde una mirada holística, que comprenda la relación entre el lenguaje y la psiquis.

CAPÍTULO VII.- GENERACIÓN DEL ENUNCIADO

VII. 1.- La Codificación

La codificación del enunciado, es decir, la generación de la expresión ha sido objeto de estudio tanto de la lingüística como de la psicología y, en los últimos tiempos, de la neuropsicología.

En Lingüística, se destacan los aportes de Ferdinand de Saussure con los estudios sobre las relaciones sintagmáticas y paradigmáticas en el proceso comunicativo (1906-1911). Son significativos también los aportes de N. Chomsky (1957), sobre la presencia en la realización del enunciado de los niveles de organización: el nivel de las estructuras sintácticas profundas y el nivel de las estructuras sintácticas superficiales. Es importante su visión diferenciadora de pensamiento y lenguaje.

En Psicología, se destacan los aportes de L. S. Vygotsky (1934), cuyos estudios sobre el lenguaje interno y su participación en la generación de la expresión, constituyen una evolución en el estudio de este fenómeno.

A R. Luria (1975-1979), realiza un análisis general de los distintos aportes de la Lingüística y la Psicología en este sentido; a su vez expone cómo pueden ser alterados los distintos eslabones de la comunicación verbal en dependencia de las zonas afectadas en la organización cerebral. Aquí vemos a la Neurolingüística como una vía más de análisis y comprensión de la naturaleza de la generación verbal.

El objetivo es realizar un análisis sobre la generación del enunciado. Tendremos en cuenta los aportes de las distintas ciencias antes señaladas, de tal forma, que se obtenga una visión global sobre la esencia del paso de la idea a la palabra y viceversa.

L. S. Vygotsky asume una postura diferenciadora entre pensamiento y lenguaje, al mismo tiempo que establece su interacción en el tránsito de la idea a su formulación verbal. Al respecto son representativas las siguientes palabras referidas a la forma superior del pensamiento "no se expresa simplemente en palabras sino que existe a través de ellas."[24]

---

[24] *L. S. Vygotsky: Ob. cit, p. 139.*

Con ello se resalta la presencia del lenguaje desde la propia generación interna de los enunciados. Este análisis borró el criterio de la simple formulación de la idea en el lenguaje, que reduce el complejo fenómeno psicológico a un solo paso de realización.

El lenguaje se domina a distintos niveles. Desde sus formas más simples de generación hasta las más complejas, por ejemplo:

- Realización simultánea de enunciados generados por otro. Decimos al mismo tiempo: ¨ yo estoy bien, me siento tranquilo y descansado. ¨
- Realización refleja de enunciados: Escucha y repite: ¨ es bueno aprender para enseñar lo que se sabe. ¨
- Respuesta a preguntas que contienen gran parte de lo que se debe emitir o provoca enunciados muy cortos: ¨ ¿Se siente bien? ¨ Respuesta: ¨ Sí ¨
- Respuestas a preguntas que evoquen verbalizaciones automatizadas: "¿Cómo Usted se llama? ¨
- Respuestas a preguntas con apoyo situacional, es decir, sobre aspectos y fenómenos comprendidos en la situación de la comunicación: "¿Te gusta lo que comes?
- Respuestas a preguntas que no contienen parte de la posible emisión: "Por qué nos sentimos bien, cuando nos brindan la posibilidad de demostrar que también somos capaces"
- Realización de narraciones, relatos y monólogos

Existe el caso en que lo escuchado se repite de una forma automática, involuntaria; a esta particularidad se le llama ecolalia. Se puede observar en los casos de los de alalias sensoriales, insuficiencias intelectuales severas, en el síndrome de la afasia frontal y otros.

En estos casos, los sujetos pueden repetir frases con facilidad, nombrar los objetos correctamente y responder a las preguntas con repeticiones ecolálicas. En los casos más severos, toda su actividad verbal se reduce a la repetición de palabras por separado.

Este tipo de alteración de la comunicación verbal tiene como base el trastorno del paso inicial en la formación de la expresión verbal, es decir, la motivación; pero están presentes las posibilidades léxicas y sintácticas.

Las emisiones ecolálicas se encuentran a nivel del dominio del lenguaje reproductivo. Sin embargo, el lenguaje espontáneo exige un nivel más elevado de realización, donde los elementos de la expresión han de ser aportados por el sujeto.

El ser humano, para cada enunciado o expresión, debe generar una frase acorde con las reglas vigentes en una lengua dada, realizar el esquema de la expresión y desarrollarlo en el lenguaje espontáneo.

El proceso de realización de la idea en el lenguaje se encuentra bajo el control auditivo; el sujeto constantemente compara su idea con los medios que han sido utilizados para su realización. Los recursos utilizados en la formulación exterior se corrigen en dependencia del grado de comprensión por parte de los interlocutores. En la medida que esta se haga posible, se reduce o se amplía el uso de estos medios en la formulación verbal.

La generación verbal es un proceso complejo y multiescalonado. Al analizar su constitución y estructuración, se constata la presencia de las motivaciones, que dan lugar a la idea que debe ser formulada de manera verbal interna, dando lugar a la búsqueda de palabras, su organización lógico gramatical, ejecución del programa articulatorio bajo el control cinestésico y auditivo.

A cualquier enunciado o expresión, le antecede la necesidad de comunicar algo en específico o de pensar para sí mismo. El lenguaje no surge si no hay motivo.

La secuencia o sucesión de las emisiones se formula en una dirección dada. Estando presente el motivo inicial, hay necesidad de decir algo. Si se tiene este motivo, tras él ha de surgir la idea y tras la idea, las formas específicas de expresión de esta deben ser encontradas. Solo bajo estas condiciones es posible el paso a la verbalización externa. L. S. Vygotsky expresó en sentido figurado, su interpretación sobre la relación existente entre el motivo y la idea. El comparó la idea con el más alto cúmulo, el cual se derrama en forma de lluvia; y la motivación con el aire que empuja la nube.

El motivo constituye el resorte inicial para cualquier tipo de expresión. Según A. R. Luria hay **tres tipos de motivos**:

1. El motivo- exigencia (demanda)
2. La elocución de carácter informativo (contacto)
3. El motivo relacionado con el deseo de formular más claramente nuestras propias ideas (concepto)

Se puede precisar que dichos motivos son de naturaleza intrínsecas y extrínsecas, dando lugar a expresiones cognoscitivas, emocionales, informativas, etc. Si no hay motivo, no surge la comunicación oral, esto lo podemos observar en los casos de niños aislados socialmente, sobreprotegidos y en los casos anteriormente mencionados.

Con lo dicho anteriormente no se desconoce el hecho de que existen formas sencillas de lenguaje afectivo, donde se generan expresiones espontaneas que sin clara intención. Estas expresiones en ocasiones generan rupturas comunicacionales que se resuelven, precisando que no era lo que quería expresarse...

En el diálogo, por ejemplo, el motivo de la expresión está dado por el interés de responder a la pregunta planteada por el interlocutor. La forma más sencilla del diálogo es cuando la respuesta repite por completo la pregunta o reproduce parte de ella como ya se había indicado anteriormente. Aquí la expresión resulta ser la reproducción de fragmentos incluidos en la pregunta.

Una forma más compleja es cuando se le exige al sujeto formular por sí solo la respuesta. El sujeto debe comprender la pregunta, seleccionar entre todas las alternativas surgidas una y formular la expresión.

Por último otra forma de expresión verbal, mucho más compleja y que exige de esfuerzos individuales mayores, es el monólogo, el cual puede surgir como una respuesta a una estimulación externa o interna.

De todo esto se deduce que el grado de complejidad de la formulación del enunciado se encuentra en relación directa con las formas del lenguaje manifiestas en un momento dado, a las cuales se suman las características propias presentes, ya señaladas anteriormente.

El motivo que da lugar a la aparición del proceso verbal de la expresión no tiene en sí contenido definido. La idea apareció, pero para expresarla se necesita tiempo; a esto le siguen las representaciones semánticas o registros semánticos. El lenguaje interno y la idea actúan indistintamente en el proceso de simultaneidad y sucesividad. Aquí vemos cómo el individuo, aun sabiendo sobre lo que quiere hablar, no sabe cómo expresarlo.

VII. 1. 1.- Las Representaciones Semánticas

A nivel de la vía subjetiva se operar con las imágenes, con las representaciones. El sujeto comienza a comprender cómo precisamente puede transformar esta idea subjetiva de la expresión, en un esquema de comprensibles y detalladas significaciones verbales.

La idea surge instantáneamente, pero llevarla al idioma natural exige una operación intermedia. Entre la idea y su organización semántica se encuentran las representaciones semánticas, las cuales constituyen el nivel más profundo en el paso de la idea a la expresión y representa un sistema de esquemas simultáneos. Tenemos idea sobre lo que se hablará, pero todavía no se tiene la configuración verbal que lo hará posible.

Seguramente más de una vez se ha encontrado ante la situación de que usted pretende expresar una idea que no es decodificada como tal por su interlocutor y eso lo lleva a una reformulación verbal de la misma idea hasta que lo logre. Como un escultor esculpe minuciosamente su escultora hasta que logra exponer su idea, el escritor escribe una y otra vez hasta que logra que los enunciados expresen fielmente el mensaje que quiere comunicar. Así, por ejemplo, los autores escriben varias veces partes de sus obras hasta alcanzar el acabado deseado del mensaje que se pretende comunicar.

A la etapa de las representaciones semánticas le sigue el nivel de las estructuras sintácticas profundas; en él se encuentran los símbolos de las unidades léxicas profundas. El paso de las representaciones semánticas a las estructuras sintácticas profundas tiene lugar a través del lenguaje interno. El lenguaje interno permite separar el contenido esencial fijado en la estructura sintáctica profunda.

En la idea de la expresión se perfilan dos partes que la forman: se estructura un sistema que surge como esquema simultáneo, semántico y que facilita la unidad de la expresión; es lo que los lingüistas llaman tema y rema, a lo cual ya nos hemos referido. Aquello que constituye el objeto de la expresión y que es conocido por el sujeto o sintagma nominal, se denomina tema. Aquello que es nuevo, lo que precisamente se necesita decir sobre este sujeto y conforma la estructura predicativa o sintagma verbal se denomina rema.

El nivel de las representaciones semánticas o primer registro semántico, que es como lo denominan los lingüistas, no opera con las palabras sino con elementos ideativos y, por tal motivo, no se encuentran presentes formas gramaticales. Constituye el modelo del esquema de la idea inicial, donde tiene lugar la formación del sentido subjetivo de la futura enunciación; por lo que se dice que el sujeto comienza a entender cómo se puede convertir este sentido subjetivo en un sistema de significaciones verbales (sucesivas) desarrolladas y comprensibles para todos.

Este sentido subjetivo aún no formulado verbalmente y cuya explicación es dada por el propio individuo ha de pasar a formulaciones verbales no solo para él, sino por los que lo rodean; de no ser así, no sería posible transmitir nuestras ideas y el lenguaje no realizaría su cometido en el desempeño de la función comunicativa.

Podemos señalar a manera de ejemplo, en el análisis de la formación del sentido subjetivo del enunciado, el hecho de que en ocasiones el individuo sabe lo que quiere decir y, sin embargo, no sabe cómo formular lo que le es conocido, pues debe convertir el sentido primario, subjetivo, en un sistema objetivo, antes simultáneo, ahora sucesivo.

Al nivel del registro semántico le sigue el nivel de las estructuras sintácticas profundas.

VII. 1. 2.- Las Estructuras Sintácticas Profundas

Para que tenga lugar el paso del nivel, primer registro semántico, al nivel de las estructuras sintácticas profundas, es necesario que las relaciones presentes en el registro semántico sean separadas y expuestas en forma de expresiones sintácticas conocidas.

Las cuales ya no pueden designarse en esquemas simultáneos de relaciones ideativas, pero que deben ser llevadas a un sistema de conexiones sintácticas consecutivas; formando las estructuras sintácticas profundas con un carácter verbal definido y una estructura lógico – gramatical; lo que puede presentarse en forma jerárquica de significaciones verbales interdependientes.

Lo que en el nivel anterior se daba simultáneamente, ya aquí se da sucesivamente. Al respecto L. S. Vygotsky dijo: "En su mente el pensamiento complejo está presente simultáneamente, pero en el lenguaje debe ser desarrollado en forma sucesiva."

Para que tenga lugar el paso del eslabón inicial (registro-semántico) a la formación de la estructuración sucesiva y verbal, se necesita de la participación del lenguaje interno. Este permite la conformación de la idea, transmitiéndole sus características funcionales y morfológicas; se forman esquemas verbales sintagmáticos; el pensamiento se hace real en la palabra.

El conocimiento de este planteamiento no debe llevar a concluir que la estructura sintáctica profunda puede igualarse a la externa. En la estructura profunda, se conservan eslabones y relaciones semánticas generales y por esto la lógica de su construcción no se corresponde con la lógica de la construcción de la estructura externa.

Esta idea final la expresa A. R. Luria apoyándose en el hecho de que, frases de estructuras externas diferentes pueden exponer una misma idea, esto es, la estructura profunda sigue siendo la misma.

Lo dicho puede ser observado en el esquema siguiente de la estructura sintáctica profunda de las oraciones: Nosotros sabemos que el pueblo lucha contra el fascismo o Nosotros sabemos de la lucha del pueblo contra el fascismo. Se puede observar que la idea permanece, pero se reorganizan las mismas palabras al interior del enunciado.

VII. 1. 3.- Las Estructuras Sintácticas Superficiales

La idea surgida instantáneamente es llevada, con la intervención directa del lenguaje interno, a la estructura sintáctica profunda; luego pasa a la estructura sintáctica superficial, donde se realiza de una forma sucesiva y adquiere una estructuración fonológica, léxica, sintáctica y pragmática.

En esta etapa final el enunciado toma un carácter verbal desplegado. El lenguaje realiza su función comunicativa y el sujeto transmite sus ideas; se observa no la emisión individual de una oración dada, sino de todo un sistema de ellas estrechamente relacionadas.

Podemos concluir lo expuesto que se debe exponer un enunciado, surge una idea que ha de ser llevada a una expresión en cadena. Esta cadena puede concebirse solamente en el caso en que se haya creado la base, el esqueleto, de lo que debemos decir. Sin la predicación no hay comunicación. El esquema de forma predicativa, reducido y acortado, proporciona los puntos de apoyo del futuro enunciado desplegado y detallado. Al esquema verbal interno del enunciado le sigue la **búsqueda de palabras** sobre la base de los síntomas semánticos. La misma tiene lugar a través del aparato paradigmático o sintagmático.

Cuando en el individuo se encuentra formado el esquema interno, es decir, ya tiene una representación que debe actualizar, presupone su formación entre una u otra palabra.

Para nombrar algo es necesario encontrar en la memoria la correspondiente palabra. Naturalmente, esta palabra, como complejo sonoro, debe estar en relación con aquel contenido que se quiere expresar, pero en la memoria operativa del ser humano se encuentra una cantidad considerable de palabras.

Por supuesto, encontrar el vocablo seleccionado entre todos los presentes en su vocabulario activo resulta complejo y exige tiempo. Sin embargo, por lo regular esta búsqueda se realiza con rapidez. Esto es posible por la organización del vocabulario en la memoria.

Las reservas verbales se encuentran sistematizadas, las palabras no existen aisladas unas de otras, una se encuentra en relación con otra, esta a su vez con una tercera, se forman cadenas de palabras que se pueden determinar a través de experimentos asociativos.

Si a un sujeto se le da como tarea responder ante un estímulo determinado con un término cualquiera, resulta que como reacción a la palabra-estímulo surgen diferentes palabras y, en toda esa amalgama, se puede observar algo que los generaliza por su temática o por sus particularidades léxico-gramaticales.

Estas relaciones asociativas reciben el nombre de conexiones paradigmáticas, ejemplo: escribir-leer; por ser humano-mujer; perro-animal. Normalmente las relaciones que prevalecen entre las palabras son las semánticas. Solo en caso de patologías, las relaciones sonoras se nivelan con estas (parafasias verbales).

En el caso de búsqueda de palabras de poco uso, al sujeto se le dificulta seleccionarlas. Los enlaces con otras palabras no se inhiben, se encuentran a un mismo nivel. Esta nivelación puede dar lugar a la aparición de vocablos de iguales raíces (microscopio-micrófono), o afines por sus significados (cuchillo-corte), o que corresponden a una misma categoría (butaca-sillón).

Cuando la persona se encuentra cansada o, por el contrario, excitada, en lugar de una palabra puede emitir otra de las presentes en las asociaciones.

Además de las relaciones paradigmáticas existentes entre las palabras, se encuentran las sintagmáticas; las primeras dadas – como se ha señalado – de una forma simultánea y las segundas, en forma sucesiva.

Ferdinand de Saussure definió el sintagma como sucesión coherente de elementos significativos. Investigaciones psicológicas han demostrado que las relaciones sintagmáticas surgen a temprana edad. En este sentido, A. R. Luria señala que las relaciones sucesivas (sintagmáticas) del tipo el "perro ladra", surgen antes de que las relaciones simultáneas paradigmáticas.

El estudio experimental, con personas de diferentes edades, muestra que en la reproducción libre de palabras se pueden agrupar como fónicas externas, situacionales y situacionales.

Las fónicas externas son evocadas siguiendo su parecido sonoro. Ejemplo: perro, pelo, palo, pila, pato, etc. Las situacionales evocan las experiencias vivenciales, acorde con el contexto en que se desarrolla el sujeto o se encuentra presente. Ejemplo: pan, cuchillo, plato, mesa, leche, comer, etc. Mientras que las categoriales dan pasado son conceptuales. Ejemplo: mesa, silla, cama, sofa, etc.

En dependencia de la experiencia cotidiana, el contexto y la formación técnico- profesional estas redes alcanzan diferentes niveles de cualitativos y cuantitativos que se verán reflejados en la riqueza del vocabulario. Así, por ejemplo el dominio del aparato conceptual propio de un profesional de la salud, de la construcción de la educación no será el mismo.

Como hemos podido ver, la formulación del enunciado, es decir, la realización del pensamiento en el lenguaje atraviesa distintas etapas. En los casos de patologías, la codificación del enunciado puede ser afectada a los distintos niveles expuestos.

Los trastornos del lenguaje presentes en las afasias son clasificados por R. Jacobson (1971) en dos grupos:

1. Trastornos de la expresión relacionada (sintagmática)
2. Trastornos de los sistemas de codificación de los conceptos en las palabras, en su organización fonemática, léxica y semántica (paradigmática)

Las investigaciones realizadas por A. R. Luria, al respecto confirman esta agrupación como válida. A su vez, él relaciona las distintas operaciones realizadas en el orden sintagmático y paradigmático con distintas organizaciones cerebrales.

En las investigaciones efectuadas por K. V. Vorabiova con niños con alalia motriz[25], pudo comprobar que la insuficiencia del lenguaje contextual se encuentra en relación con la formación de cualquiera de los niveles que atraviesa la expresión en su realización:

1. Puede manifestarse en la ausencia del motivo; no hay iniciativa verbal lo que se manifiesta en un negativismo verbal determinado
2. Trastornos a nivel de la planificación; se dificulta la ubicación de los sucesos. El lenguaje individual, espontáneo, se reduce a palabras separadas, fragmentos de la situación en general. Se imposibilita la separación del esquema lógico- predicativo del suceso
3. Trastornos a nivel de realización del plano interno al externo

Hasta aquí, hemos destacado los aspectos relacionados con el proceso de formulación de la idea en la palabra y con sus niveles y posibles afectaciones en su estructura eslabonada.

VII. 2.- La Decodificación

Se debe señalar que la codificación de la idea tiene su proceso inverso o de decodificación que va de la palabra a la idea. El proceso de comprensión de la idea formulada en la palabra recorre las mismas etapas presentes en la generación de la expresión, solamente que, como ya hemos dicho, en sentido inverso, yendo de la recepción de la estructura sintáctica superficial a la estructura sintáctica profunda y de ella a la idea general.

Para que tenga lugar la decodificación de la idea tienen que estar presentes tres condiciones:

1. Comprensión de las palabras aisladas
2. Comprensión de la estructura de la oración completa
3. Comprensión de la comunicación total

---

[25]*Nota del autor: Entiéndase una insuficiencia severa en el desarrollo del lenguaje en los primeros años de vida y que tiene como trastorno inicial las alteraciones de la organización cinético – cinestésica del acto verbal.*

La comprensión de las palabras aisladas tiene lugar dentro del contexto, que es donde realmente ellas toman su verdadero significado. De todas las significaciones potenciales presentes en la palabra, se toma aquella que corresponda con lo que está expresando, teniendo en cuenta sus interacciones gramaticales dentro de la oración, lo que implica la necesidad de extraer la idea encerrada en el sistema de palabras presentes en la oración.

Por último, la comprensión de la información total del texto, parte no de la suma de ideas encerradas en las distintas oraciones sino de aquellas que expresen la idea general del enunciado.

En los casos de trastornos del lenguaje, que tienen como base la afectación del oído fonemático, se dificulta la comprensión de las palabras. De aquí que, al afectarse la etapa inicial, se hace difícil captar la expresión total. Represéntese lo que significa no entender la diferencia entre palo y pato, silla y chiva, etc.

Por el contrario, en los casos de afasia semántica es posible entender palabras por separado y se puede, con cierta facilidad, asimilar el significado de frases simples. Sin embargo, las estructuras gramaticales de cierta complejidad resultan difíciles de comprender. Así, por ejemplo, en una lámina resulta difícil señalar por orden la madre de la niña o la niña de la madre.

Como ya sabemos, la comprensión del enunciado lleva implícito un mecanismo de pronóstico, donde el que escucha, continuamente presupone lo que será dicho.

Este mecanismo de anticipación opera con la experiencia adquirida por el sujeto que recepciona la expresión, y se basa en una serie de factores internos y externos, como son la situación en general, la mímica, los gestos, etc.

Así como en el conocimiento de los intereses del individuo, la profesión y otros elementos más, que hacen posible que no sea necesario detenerse en la percepción de elementos secundarios de la frase, producida por el que habla.

Este mecanismo también se encuentra presente en los casos severos de afasia, donde queda como un medio compensatorio que le permite al sujeto orientarse en las emisiones percibidas.

Se debe señalar que en ocasiones, esto hace posible la comprensión de la información y en otras, por el contrario, la dificulta al no efectuarse el mecanismo de control, en el caso de que no haya concordancia entre lo expuesto y lo percibido en el correspondiente análisis.

En general, tanto la decodificación como la codificación alcanzan niveles superiores de expresión cuantitativa y cualitativa con el desarrollo ontogénico. Estudiemos su evolución.

CAPÍTULO VIII.- DESARROLLO DEL LENGUAJE EN LA ONTOGÉNESIS

VIII. 1.- Fundamentos

El lenguaje en su estructura constituye un sistema. Los principales componentes de este sistema son: el fonético (pronunciación), el léxico (vocabulario) y el gramatical (morfología y sintaxis).

Los componentes del lenguaje se encuentran estrechamente relacionados y en su desarrollo se evidencia una interacción e interdependencia entre ellos.

Lo anteriormente expuesto fue afirmado por V. V. Vinogradov en la siguiente expresión: "En la estructura constituyente de un todo único de la lengua, todas sus partes se encuentran en relación conforme a leyes; el componente sonoro, el gramatical, el vocabulario son relacionados e interdependientes."[26]

Atendiendo a la afirmación señalada, así como teniendo en cuenta la presencia en el acto de realización del lenguaje de dos componentes fundamentales: la percepción o comprensión del habla y la reproducción o realización de esta, efectuaremos un análisis del desarrollo del lenguaje en la ontogénesis.

El lenguaje no constituye una propiedad o cualidad que aparece con el nacimiento, se encuentra en relación con el desarrollo social del ser humano. Se establece paralelamente con el desarrollo físico e intelectual.

La asimilación del lenguaje no debe comprenderse como una suma de hábitos mecánicos, sino como un medio de comunicación con sentido, de intercambio de ideas y de cognición de lo que rodea, donde la individualidad que lo asume adopta un papel activo y creador.

---

[26] *V. V. Vinogradov: "Conceptos de las leyes interiores del desarrollo de la lengua en el sistema general de la lingüística", no. 2, p. 53.*

VIII. 2.- Desarrollo de la Comprensión del Lenguaje

La comprensión del lenguaje se desarrolla antes de que el niño o la niña domine el lenguaje activo.

Se conoce que los niños y las niñas con mamaderas en la boca disminuyen su velocidad de succión cuando escuchan un sonido familiar y aumentan la velocidad de succión cuando se les presenta un sonido nuevo. De tal manera demuestran que distinguen la diferencia entre uno y otro y de inmediato se resalta la interacción entre el oír y el articular.

Al tercer día de nacido puede distinguir la voz de su madre de la de un extraño (A. DeCasper y W Fifer, 1980). Ya en la segunda semana de vida, el niño o la niña deja de llorar cuando hablan con él. En la cuarta semana, una canción de cuna lo tranquiliza.

Luego comienza a mover la cabeza en dirección al que le habla. A los siete-ocho meses da muestras de reaccionar adecuadamente y de una manera diferenciada. Cuando el niño o la niña responde correctamente a la pregunta ¿dónde está mamá?, lo hace no como una respuesta a la frase escuchada en particular, sino a la situación en que transcurre la comunicación. Se puede provocar una incomprensión y la acción que él realiza sin dificultad, no proceda.

Los elementos situacionales que intervienen en la comprensión son: la entonación acostumbrada, la voz, el aspecto externo del individuo que le hable, la posición del cuerpo, la parte de la habitación que visualiza, etc. El niño o la niña no comprende palabras por separado, sino frases completas y en determinado contexto.

Todos estos elementos que intervienen al inicio, no se mantienen constantes, son sometidos a variaciones continuas y solo queda la entonación acostumbrada como el elemento por más tiempo conservado.

En la medida en que la palabra se convierte en una señal condicionada independiente, en el componente más fuerte del complejo estímulo antes señalado, por ser el elemento más constante en él, los otros, incluida la entonación, van debilitando la función que desempeñan dentro de esta situación de estimulación compleja; esto es propio del desarrollo de la comprensión durante el primer año de vida.

Entre los siete y once meses el niño o la niña denota respuesta lúdica mediante movimientos y sonrisas. Responde de manera apropiada a expresiones faciales gratas y de disgusto. La atención se torna más selectiva ante la relevancia de determinados estímulos

A los diez meses el niño o la niña comienza a reaccionar, no sólo ante el aspecto sonoro de la palabra, sino también ante el contenido, diferenciando las instrucciones, aunque sean emitidas con igual entonación.

El factor situacional es superado y el niño o la niña comprende las palabras independientemente de quien las pronuncia, presentándose cierta inestabilidad ocasional.

A partir de los 11 meses logra una mayor comprensión fuera del contexto acostumbrado. Discrimina diferentes voces. Reconoce partes de su cuerpo, objetos. Establece asociaciones causa efecto, por ejemplo, al alcanzarse el peine, demuestra que será peinado.

En el segundo año, el desarrollo de la comprensión se intensifica gracias al conocimiento de objetos de uso común y reconocidos por su utilización, la denominación de las acciones que realiza el adulto para él o las efectuadas por el mismo niño o niña.

En relación con las posibilidades de entender al principio del segundo año, L. Venguer (1976) señala que la palabra provoca la acción esperada solo en el caso de que el objeto designado se encuentre frente a su vista, de no visualizar el objeto que se señala, se produce una reacción de orientación hacia la propia voz del adulto, en vez de inclinarse a la búsqueda del objeto.

Después del año y seis meses el niño o la niña distingue la calidad, el empleo, el estado de los objetos que él conoce muy bien, incluso si no pronuncia aún las palabras que designan a estos.

A esta edad, la palabra comienza a asociarse no sólo a un único objeto (primer nivel de generalización según M. M. Koltsova (1979), sino que el niño o la niña comienza a generalizar todos los correspondientes a una categoría dada, independientemente de las diferencias de color, magnitud o forma. El niño o la niña logra reconocerlo en forma de juguete.

A esta afirmación puede añadirse un factor de notable importancia en el desarrollo de la capacidad de generalización. Este factor fue expuesto por A. A. Liublinskaia (1965), y consiste en la dependencia de la posibilidad de generalización del hecho de que esté formado el lenguaje activo.

En el segundo año la comprensión de la relación entre los objetos se desarrolla significativamente. En este período el lenguaje de los adultos comienza a adquirir la función reguladora de la conducta del niño o la niña.

En el tercer año percibe bien las secuencias, las acciones relacionadas, así como también aprende a escuchar narraciones sobre fenómenos conocidos sin la muestra de los correspondientes objetos.

Luego, el desarrollo de la percepción va encaminado a diferenciar y a generalizar. Se perfecciona la discriminación auditiva de palabras de similar complejidad acústica.

La capacidad para generalizar se manifiesta en la posibilidad de entender y utilizar en el lenguaje propio palabras generalizadoras (juguetes, frutas, etc.). Aunque a los niños de esta edad les resulta difícil emplear y comprender conceptos generalizadores con el aumento de las posibilidades de comprensión yendo más allá del plano situacional, el niño o la niña puede utilizar el habla como el medio principal de conocimiento, fuera del mundo de las sensaciones y percepciones.

No obstante, la comprensión de las palabras, del significado que ellas encierran, se ve limitada en el niño o la niña. Por lo regular, el niño o la niña le da a la palabra otro significado, en unas ocasiones lo amplía, en otras lo reduce.

Esto lo demostró M. M. Koltsova a través de ejemplos: "que no te vean espantando las gallinas" le señala la abuelita al niño de cuatro años. Cuando la abuela se retiró el niño o la niña comenzó de nuevo a espantarlas, se le requirió otra vez y él dijo que ya ella no lo estaba viendo.

A otra niña se le señaló que fuera cuidadosa con el vestido, y se dirigió hacia los juguetes y lo colocó junto a ellos. La palabra "cuidadosa" se le había dicho en reiteradas ocasiones con respecto a los juguetes.

El niño o la niña no le concede a la palabra el mismo significado que le da el adulto, estableciéndose una incomprensión por parte de éste. Él asimila con facilidad el sentido recto de la palabra, no así el sentido figurado.

Respecto a esto, se puede citar el ejemplo: frente al niño de tres años se colocaron dos ilustraciones (un lobo y una oveja). Con voz grave se nombró al lobo, señalando la correspondiente ilustración. Con voz afectuosa se señaló a la oveja, luego se le preguntó por el lobo en el mismo tono de voz y lo señaló correctamente.

Se varió la entonación y se le preguntó por el lobo en el mismo tono en que se hizo con anterioridad al nombrar la oveja y, como resultado, él señaló a la oveja, y en el caso contrario, cuando se le preguntó por la oveja con voz grave, señaló al lobo.

Similar experiencia se ha tenido al describir una escena donde se imprime emocionalidad a los enunciados, provocándose que no se percaten de que se está en presencia de enunciados absurdos por un lapso. Ejemplo: El domador del león se acercó y entrar en contacto y de momento el león metió la cabeza en la boca del domador.

Luego de unos segundos se procede a que alguno de los presentes indique la acción es contraria. Por un lado el interlocutor tiene una postura propositiva sobre lo que será escuchado y por otro la entonación con tonos graves, relativos al acto de riesgo actúan como distractores en la comprensión del mensaje.

VIII. 2.- Desarrollo del Aspecto Expresivo del Lenguaje

El contacto del niño o la niña con sus semejantes crea la base para el surgimiento de la capacidad de imitar los sonidos del lenguaje humano.

El **grito** del recién nacido representa una respiración sonora. El grito, el llanto, constituyen reacciones vocales que al principio no portan significado, simplemente constituyen una respuesta a las sensaciones desagradables.

En la medida en que se repite una misma situación va asumiendo un carácter de reflejo condicionado. La función de signo del llanto es característica del primer año de vida; ya en edades más avanzadas se observa en casos de insuficiencias severas del lenguaje.

Los primeros sonidos que emite el niño o la niña no se encuentran diferenciados, son indeterminados. Se dice que el niño o la niña se encuentra en la etapa de **gorjeo** y se sitúa su comienzo a partir de los primeros días de vida. Estos son producidos incondicionalmente, no dependen de la voluntad del niño o la niña.

Los sonidos vegetativos (bostezos, suspiros, arrullos, etc.) son emisiones que se encuentran en dependencia de su estado de ánimo; cuando las condiciones ambientales son favorables, está bien alimentado y ante todo, si se mantiene un adecuado nivel de comunicación con él, las emisiones se hacen más regulares. Sin embargo, las reacciones motrices de las extremidades pueden frenarlas.

En el primer mes las vocalizaciones tienen un carácter monotonal, sin efectuar articulaciones. Sólo hacia los 6 meses es que el llanto y las vocalizaciones alcanzan un relieve diferencial en cuanto a dolor, hambre, dolor, etc.

Hacia los dos meses las vocalizaciones (aaa, aauuu, eeee, etc.) se hacen más seriadas y prolongadas. Estas sonorizaciones se vinculan a la aparición de la sonrisa

No existe criterio único en cuanto a la edad en que el niño o la niña comienza a **balbucear**. El hecho de que se tengan diferentes criterios se explica a partir de lo difícil que es encontrar un límite real que permita separar esta etapa de la anterior (gorjeo).

Igual dificultad existe al tratar de determinar el momento en que se da el paso de la etapa de balbuceo al propio lenguaje. Además, en el plano particular se evidencia el establecimiento de límites individuales, pudiéndose desplazar en uno o en otro sentido.

El balbuceo en el niño o la niña es como un juego con los órganos del lenguaje análogo a los movimientos desordenados de las manos y los pies y en el que ya se encuentran expresiones de la imitación del lenguaje circundante.

No obstante, se conoce que no se tiene un criterio único en cuanto al carácter condicionado o incondicionado del balbuceo. En las investigaciones realizadas por V. I. Beltiukov (1964), se observó que en el balbuceo se presentan sonidos cercanos a los de otros idiomas (inglés, francés, etc.).

Se observó un mayor número de sonidos no adecuados. Este criterio es apoyado por S. S. Liapidevski (1975), el cual afirma que en la edad de cinco o seis meses en el balbuceo del niño o la niña se registran sonidos propios y no propios del idioma natal y no se encuentran en relación proporcional con lo que el niño o la niña oye.

Por lo general, se observa que en los niños con dificultad auditiva, el balbuceo se manifiesta en algunas emisiones iniciales y luego comienza a desaparecer. En las exploraciones realizadas a niños con dificultades congénitas de la audición, se ha observado que en algunos casos, los padres señalan la presencia del gorjeo y el balbuceo, otros aseguran lo contrario.

Según V. I. Beltiukov, el balbuceo se encuentra presente en los niños sordos, pero hasta un momento dado en que se debilita y desaparece. Por un lado, este criterio explica la no dependencia del surgimiento del balbuceo, del estado de la audición y, por otra parte, señala los límites de desarrollo en caso de trastornos auditivos.

Así se le concede a la audición la función de estimulante general de las reacciones vocales, como corrector específico del programa de movimientos articulatorios dados al niño por la herencia.

De este criterio se deriva la siguiente hipótesis en cuanto a la esencia del balbuceo: "El balbuceo consiste en la aparición de un programa definido, dado al niño a través de la herencia, el cual se fija como resultado del enriquecimiento histórico de las reacciones motrices del ser humano."[27]

Las emisiones comprendidas en la etapa preverbal (gorjeo y balbuceo) deben ser apoyadas por los que rodean al niño, proporcionando las condiciones idóneas (ruidos excesivos impiden el desarrollo de las reacciones bucales sonoras, el contacto emocional, anteriormente señalado, es un elemento extremadamente necesario).

En este sentido, es importante que al comienzo se deban formar conexiones exactas entre el sonido y la mímica articulatoria correspondiente y se establezca la capacidad de imitación sonora.

---

[27]V. I. Beltiukov: Ob. cit., p. 40

Los sonidos surgidos en el período de balbuceo son fijados. Se puede observar una emisión repetida de sílabas abiertas (pa – pa – ma – ma – ma – ma - ma).

En muchas ocasiones estas emisiones hacen pensar a los mayores que el niño o la niña dice ¨papá – mamá¨. En realidad no es así, estas emisiones no presentan un carácter comunicativo en el ámbito de una relación objeto (sujeto) – palabra.

Los primeros sonidos que aparecen en el lenguaje del niño o la niña son simples vocalizaciones, las bilabiales / p, b / en relación con el acto de succión y las posteriores / k, g, x (j) / como resultado de la realización del acto de deglución de los alimentos.

La aparición de sonidos con características acústicas muy similares en tan temprana edad, y que luego en etapas posteriores presentan dificultad en su diferenciación, así como la fácil discriminación acústica de sonidos como /r/ y que aparece más tardíamente en el lenguaje expresivo del niño o la niña, pone de manifiesto una interacción evidente entre los analizadores auditivo y motor y que con determinada minuciosidad abordamos en el capítulo II de este libro.

Ya a los siete u ocho meses expresa lo que desea por medio de movimientos mímico – gestuales, por ejemplo, extiende los brazos para que lo tomen. Unos días después ya moverá la cabeza en sentido de aprobación o negación. Se incrementan las vocalizaciones espontáneas de sílabas y diptongos.

Las vocalizaciones seriadas resultan más diversas en cuanto a los sonidos que la forman: / pa, ta, ka, ka, da /. Se observa una tendencia a la autoimitación y disfrute de sus propias emisiones. De aquí que alcancen determinada similitud con palabras en específico: mamama, / papapapa /. Luego tenderá a ser mixto: / ma, pa /. El balbuceo deviene en un recurso para manifestar con relevancia sus estados emocionales.

Al período que comprende desde el llanto hasta la aparición de las primeras palabras, se le denomina **etapa preparatoria**; en ella el niño o la niña manifiesta su sentir, ejercita el componente periférico del analizador motor (el sistema energético, el sistema generador y el resonador).

VIII. 3.- Desarrollo del Vocabulario

Con la culminación de la etapa preparatoria al comenzar la emisión de las primeras palabras, se señala el comienzo de una nueva etapa caracterizada por un desarrollo significativo del vocabulario.

Con el paso de formas pasivas de comunicación a activas, donde también asume la iniciativa en el contacto con los que lo rodean y, además, se preocupa en forma creciente por las denominaciones que reciben distintos objetos, se enriquece su vocabulario; del niño o la niña parten ya iniciativas verbales e intenta pronunciar los nombres de los objetos.

A la edad de un año y dos meses un niño pronuncia palabras en situaciones que se corresponden con su contenido, sin que en realidad comprenda el sentido de ellas. Se ejemplifica este hecho en el caso de un niño que, al despedirse, aprende a decir / au – au – au / (chao); sin embargo, pronuncia lo mismo sin que la situación corresponda a la idea de despedirse, por ejemplo, al abrirse la puerta de un armario.

En sí no hay una verdadera comprensión de la palabra, sino una reacción sonoro - imitativa aprendida ante un acontecer de determinada relevancia significativa dentro del contexto.

Las primeras emisiones tienen un sentido muy general y se les concede calidad de oración. La primera oración es la palabra amorfa que, al expresarse, lleva implícito un sentido más amplio, el cual va más allá del significado específico del vocablo. Ejemplo: el niño o la niña dice mamá, y se entiende por esto tómame, cárgame, levántame, dame, leche, etc.

Queda claro que, inicialmente, las expresiones tienen un carácter situacional por lo que, para comprenderlas, es necesario ubicarse en ella.

Al principio, el niño o la niña, con un mismo vocablo identifica una serie de objetos en relación con una acción o situación dada. El niño o la niña le dice / che / a la leche, al biberón, al tete, etc. En sí no hay diferenciación entre los objetos que él nombra, esto constituye una especie de generalización verbal primitiva. Las primeras palabras por lo regular se acompañan de la mímica y los gestos, factores que hacen más exactas sus significaciones.

Con el desarrollo del vocabulario se van produciendo distintos tipos de distorsiones de la estructura fonética y silábica de las palabras: transposiciones (cama - maca), acortamientos (mesa - me), cambios de sílabas e incorporación de sílabas extras. Por otra parte, aparecen vocablos propios de la creatividad del niño o la niña. En la fuerza creativa del niño o la niña se observa una verdadera manifestación de la sensibilidad idiomática de este. Por lo regular se manifiestan las siguientes opciones en la creación de palabras:

1. Frecuente activación de una parte de la palabra, en específico la final acentuada
2. A la raíz de una palabra se le añade otra
3. Una palabra se forma de la unión de dos

La aparición de palabras creadas por el propio niño, así como el mecanismo de sustitución de un sonido por otro, para ampliar las posibilidades de comunicación, constituyen una muestra de relación activa hacia el lenguaje, así como también se hace evidente la pobreza del vocabulario y la aún deficiente preparación del aparato articulatorio en un período de desarrollo fisiológico.

La asimilación por el niño o la niña de las distintas categorías del idioma ocurre en el siguiente orden: inicialmente los sustantivos y los verbos, por el carácter más concreto de sus significados; luego los adjetivos, que expresan las propiedades de los objetos y exigen un mayor nivel de abstracción; las preposiciones surgen después de dominar las correspondientes relaciones y una vez que se ha establecido la comprensión de sus significados.

Es cierto que sobre todo a partir del año y medio de vida se pueden observar categorías verbales determinadas, pero son usadas con imprecisiones y a su vez evocan toda una disposición a enunciar con pocos recursos verbales y un despliegue de gestos y movimientos indicadores de sus pretensiones, por ejemplo, emplea el pronombre "mí" para alcanzar objetos que le resultan llamativos.

En esta expansión motriz no es raro encontrar una especie de argot. mezclado con palabras definidas. Este balbuceo como recurso comunicativo se reduce notablemente hacia los dos años y seis meses. Se manifiesta un crecimiento ostensible del vocabulario.

Los estudios de L. Almaguer y sus colaboradores (1992), indican que la aparición de los artículos en el plano activo se ubica en el tercer año de vida. El plural se registra de forma más esporádica, ejemplo: la niña, el niño o la niña. En plural son más frecuentes en el cuarto año. Ejemplo: las gallinas, los caballos.

En realidad, existen variaciones en el plano individual, por lo que no se tiene un criterio único y debe ser objeto de investigación en cada contexto particular de desarrollo de los niños.

Es necesario puntualizar que al inicio el niño o la niña percibe el objeto en su conjunto de cualidades y relaciones con otros objetos. El adjetivo como forma de expresión de la calidad, aparece en su lenguaje siguiendo a los sustantivos y verbos. El adverbio como categoría gramatical que modifica al verbo lo encontramos más tarde.

El análisis cuantitativo del desarrollo del vocabulario ha dado lugar a la aparición de distintas tablas que son el producto de investigaciones realizadas por especialistas ocupados en la materia.

Se plantea que al final del primer año de vida, el niño o la niña debe pronunciar unas 12 palabras simples en su composición sonora. Ya al año y medio de 20 a 30 palabras sencillas por el contenido sonoro. Cerca de los dos años se observa un aumento, entre 50 y 100). En lo adelante se irá incrementando significativamente en dependencia de la riqueza verbal del entorno del niño y niña, incluso se pueden observar diferencias en la riqueza del vocabulario de niños que reciben la misma educación.

En investigaciones realizadas a niños cubanos que asisten a jardines infantiles, se comprobó que a los dos años de vida por cada palabra en activo se encuentran cinco en pasivo, ya en el tercero la diferencia disminuye. La proporción pasa a ser 1 por cada 1,5 palabras. (L. Almaguer,1991).

Hacia los tres y en adelante, el protagonismo verbal del niño o la niña se hace relevante. Es importante que tenga la sensación de que cuenta con el tiempo suficiente como para expresar sus inquietudes. Usa con precisión los plurales y el tiempo pasado, así como los pronombres "mío, tú, me, mí."

Muy pronto encuentran espacio formulaciones verbales indicadoras del futuro. Es importante que en este creciente desarrollo verbal bajo la influencia social se registra una tendencia a la fragmentación de las emisiones. Esto lo pudimos tratar con mayor profundidad en el capítulo dedicado al lenguaje interior.

El niño o la niña utiliza con precisión las preposiciones, los verbos se hacen más relevantes y frecuentes en sus enunciados, los artículos en plural resultan precisos. Es evidente que cuenta con los recursos verbales suficientes para darle rienda suelta a la creatividad y la fantasía.

Ya está en condiciones de sostener con mayor empuje sus puntos de vista. El adulto es entonces el que enfrenta temas que le deben explicar al niño. Sus preguntas van a hacer cada vez más selectivas y precisas.

Los sentidos de vida alcanzan sus matices particulares que influirán en la interacción reguladora adulto - niño de forma muy definida. Esto fue tratado en el capítulo dedicado al desarrollo de la función reguladora del lenguaje.

Se ha observado que en los niños de dos años, el desarrollo del lenguaje ocurre de una forma mucho más lenta que en las niñas de esa misma edad. A este fenómeno se le ha tratado de dar distintas explicaciones. El retardo en la formación de las reacciones verbales en los niños es una consecuencia de una actividad motriz más intensa y diversificada en una misma unidad de tiempo.

Ya en el análisis del balbuceo se señaló que así como la comunicación con los adultos lo estimula, las reacciones motrices pueden frenarlo. La conclusión con respecto al balbuceo y las formas situacionales que estimulan su aparición en contraposición al desplazamiento de la actividad motriz en la que el niño o la niña deja de balbucear, no se debe tomar en contradicción con la real influencia que tiene el desarrollo motor general del niño o la niña para el surgimiento del lenguaje.

Esto ha quedado demostrado por la cercanía en que se encuentran la organización cerebral, las zonas motrices generales y verbales. Se comprende este hecho dentro de una etapa determinada.

En realidad, las posibilidades del niño o la niña de asimilar el lenguaje se encuentran en estrecha relación tanto con el desarrollo de la motricidad general, que permite ampliar el contacto con el mundo circundante, como con el de la motricidad fina de organización cerebral cercana a la verbal, que ya ha sido señalada anteriormente en este libro.

En relación con este tema se ha apuntado que las niñas tienden a mantener un contacto más sostenido con los adultos dado por el tipo de juegos que realizan. También se conoce que el proceso de mielinización del córtex cerebral transcurre más rápido en las niñas que en los niños y con ello la formación de la zona frontal del cerebro responsable de la programación de la actividad nerviosa.

En general, el enriquecimiento del vocabulario se encuentra en dependencia de las condiciones de vida y educación del niño o la niña, sin descartar aspectos como los anteriormente expuestos, que hacen destacar las posibilidades individuales.

El desarrollo del vocabulario se hace importante en la medida en que el niño o la niña, paralelamente, domina la habilidad de hacer concordar las palabras dentro de la oración, siguiendo las reglas gramaticales.

VIII. 5.- Formación de las Estructuras Gramaticales

Las primeras palabras que emite el niño o la niña situacionalmente constituyen oraciones. Hacia el año y medio el niño o la niña comienza a sintetizarlas en las oraciones. La construcción de estas le resulta difícil, aún no ha aprendido a coordinar las palabras en la oración.

El habla empieza a adquirir un carácter asociativo, se expresan sencillas relaciones entre los objetos. La aparición de oraciones compuestas por dos palabras es ubicada hacia el segundo año de vida.

Es usual que se refiera a sí mismo por su propio nombre: "Irina quiere." Ya a la edad de dos años y cuatro meses surgen las oraciones compuestas por tres elementos.

Al final del segundo año se observan oraciones admirativas. El dominio de las palabras interrogativas tiene lugar en el tercer año, (Z. I. Kolarova, 1968). Se registra una correcta utilización del singular y el plural de los sustantivos, la utilización de los verbos en presente y en pasado, así como el uso de la forma imperativa. Hasta la edad de dos años y medio se extiende el período de las oraciones simples (afirmativas, admirativas, interrogativas e imperativas).

La utilización amplia de oraciones interrogativas en el tercer año de vida destaca la función del lenguaje en el proceso de cognición y orientación del niño o la niña en el medio.

Para todos los investigadores ocupados en el desarrollo del componente gramatical de la lengua, es evidente que el período comprendido entre los dos y cinco años resulta ser el más favorable.

El uso correcto de las formas y estructuras gramaticales ocurre con anterioridad a la comprensión de las operaciones lógicas. La sintaxis del lenguaje antecede en su desarrollo a la lógica.

El niño o la niña aprende las operaciones lógicas después que ha demostrado acierto en el uso de las formas verbales por un período importante de tiempo (Piaget, Vygotsky y otros). Puede retomar este contenido en el capítulo que comprende de forma particular la relación pensamiento – lenguaje.

Antes de que el niño o la niña asista a la escuela, ya ha aprendido en forma general a conjugar los verbos y conoce los elementos sintácticos primarios. La conjugación de verbos regulares no representa para el niño o la niña gran dificultad. Los verbos irregulares son tratados de igual forma que aquellos, de aquí errores tan característicos de la infancia como / yo dormo /, en lugar de yo duermo, / yo poní /, en lugar de yo puse.

Es necesario puntualizar que el desarrollo del lenguaje exige de condiciones propicias. El lenguaje de los adultos y luego el de los niños, debe ser verdadero patrón que estimule y permita la asimilación de nuevas estructuras.

Los padres, al hablar con los niños, no deben bajar el nivel de complejidad de su lenguaje, usando constantemente estructuras similares a las de este. Deben llevar el lenguaje del niño o la niña al nivel de complejidad del de los adultos y la vía para esto la constituye el brindarles los patrones correspondientes. Con el objetivo de darle la posibilidad de que pueda asimilar formas verbales más complejas, es muy favorable el encuentro y realización de juegos con niños de mayor edad.

CAPÍTULO IX.- LENGUAJE ESCRITO

IX. 1.- Aspectos Generales

El lenguaje escrito lleva al niño al nivel más abstracto del lenguaje. Precisamente por esto L. S. Vygotsky señaló que el lenguaje escrito es el álgebra del lenguaje.

A. R. Luria lo consideró un nuevo y poderoso instrumento del pensamiento, con más posibilidades en ocasiones, que el lenguaje oral.

Sabemos que cuando queremos fijar una idea, lo más favorable es escribirla; y no sólo conseguimos este objetivo, sino que como también la escritura exige un alto nivel de organización y de selectividad de los medios verbales correspondientes, se logra, además de fijarla, exponerla con más solidez y claridad.

Esta peculiaridad de la escritura nace de sus propias características comunicativas que la diferencian del lenguaje oral. Más adelante nos detendremos en esto.

El lenguaje escrito comprende los procesos de escritura y lectura; ambos utilizan los mismos medios, es decir, las grafías (grafemas, signos de puntuación, etc.). Ambos procesos se autocondicionan facilitando la existencia de uno, la realización del otro. El que escribe, al mismo tiempo lee lo escrito, autocontrolándose. La lectura solo puede tener lugar después de haberse escrito.

Al igual que en lenguaje oral, una persona habla y la otra decodifica durante la aprehensión de la lengua materna, para que paulatinamente se transite hacia un mayor activismo en la emisión de verbalizaciones para el otro las decodifique. Es decir se transita de la decodificación a la codificación. Siguiendo esta postura evolutiva, se puede afirmar que primero debe tener lugar la lectura para que más tarde tenga lugar la escritura en el aprendiz.

En el capítulo sobre el mecanismo del lenguaje se argumentan las razones relacionadas con dinámica evolutiva del desarrollo del lenguaje, destacando que la actividad motriz verbal demanda de mayor tiempo de maduración neurofisiológica que la actividad auditiva verbal.

Siguiendo la evolución del niño o la niña o niña, se puede constatar que la actividad en general que realizan no tienen un fin en sí mismo. Simplemente en la interacción con el mundo circundante ocurre el proceso de desarrollo. Por ejemplo, el movimiento de pinza ocurre como hecho natural en el contexto de la interacción con el entorno.

El niño o la niña no tiene conciencia de lo que está ocurriendo en su desarrollo motriz. Igual sucede con la apropiación del lenguaje hablado se asimila e implementa en la actividad social conjunta. No es su fin, es un medio para la comunicación. Se puede decir que no es un aprendizaje consciente.

Siguiendo este planteamiento no existe razón alguna que sustente que el aprendizaje de la lectura sea un atributo de escolarización. Nunca a nadie se le ocurrió crear escuelas para enseñar a comprender el lenguaje oral. Pero, si ocurrió de esta forma con el lenguaje escrito. El lenguaje escrito es mucho más tardío en la sociedad humana que el lenguaje oral, aparece como un atributo de pocos con acceso a manuscritos.

Al no formar parte de la actividad social no había modo de asimilarlo como un medio natural de interacción. Fenómeno que se registra hasta el momento, donde existe una población mundial analfabeta de significativa magnitud: 750 millones.

De las más de 630 millones de personas que viven en América Latina y el Caribe, unos **32 millones son analfabetas**, señala el último informe del Instituto de Estadísticas de la Unesco. Esto representa aproximadamente el **4% de la población analfabeta del mundo.**

No obstante, el crecimiento de los medios comunicacionales tecnológicos, el lenguaje escrito ha ido ganando en vigencia en la vida cotidiana. Ya se va haciendo más la presencia de niños y niñas lectoras. Su viabilidad ontogénica se manifiesta en que la palabra gráfica sea un atributo más de la palabra oral.

El lenguaje oral no se aprehende transitando por el dominio de la composición sonora de la palabra. De igual forma debe tener lugar la aprehensión de su representación escrita. La razón del aprendizaje tiene como premisa el dominio del contenido, su razón semántica y no de su forma.

En el devenir de los esfuerzos para que los niños aprendan a escribir y leer en el contexto escolar ha dejado como secuela limitaciones en la "comprensión lectora". Al parecer un enunciado más atribuible a las propias insuficiencias del método de enseñanza que a propio dominio del lenguaje escrito.

Al final sólo una expresión redundante, ya que leer implica comprender, o simplemente no se ha leído, simplemente reproducidos si sentido, como pudiera ocurrir en el plano oral si repetimos cadenas sonoras, desconociendo su significado. En el aprendizaje del lenguaje oral su sentido al interior de actividad compartida marca su razón de ser y evolucionar.

En el lenguaje oral la comprensión rige los destinos del dominio de la lengua materna, incluso se impone sobre las limitaciones en el desarrollo del lenguaje oral expresivo, como se ya se indicó en este mismo libro sobre el uso de sustitutos sonoros durante el activismo verbal con control sobre las imprecisiones motrices verbales de origen propio en el niño o la niña o niña.

Desde el punto de vista del sentido de realización del enunciado, la escritura va de la idea al texto y la lectura del texto a la idea. De aquí que la escritura se encuentre en más estrecha relación con el aspecto expresivo del lenguaje y la lectura, con el aspecto impresivo.

Todas las formas en que se manifiesta el lenguaje tienen un fin común, es decir, la comunicación.

El lenguaje escrito, como una forma más del lenguaje, persigue también este fin. Sin embargo, a diferencia de las demás formas del lenguaje, el escrito, en los inicios de su formación en el niño o la niña, puede llevar a que el establecimiento de la comunicación no sea su objetivo, sino que él se encuentre dedicado al estudio de las técnicas relacionadas con este proceso, a las que se le concede toda su atención.

Esto dependerá de los métodos de enseñanza que se apliquen. Por ejemplo, la lectura global no necesita del tránsito inicial por el análisis de la composición de la palabra. Es importante que tengamos en cuenta que los medios de comunicación masivos utilizan la posibilidad de lectura global que manifiestan los niños desde muy temprana edad, una vez que son capaces de decodificar estímulos visuales al igual que lo hacen con los auditivos.

Téngase presente que un niño cuando oye la palabra lo hace como un todo, sin tener la más mínima idea de su composición sonora.

Cuando un niño percibe el objeto ¨ árbol ¨ y dice que es un árbol, no necesita transitar por el conocimiento de las partes que lo forman. Precisamente esa es tarea de aprendizaje ulterior. Cuál es la razón que obliga a que, para leer una palabra que constituye un todo en su calidad de estímulo externo, tenga que ser estudiado por parte para poder ser imprimido.

Si el proceso de aprendizaje del lenguaje oral se sometiera a semejantes regulaciones, su desarrollo sería extremadamente lento y la cognición del mundo circundante se retrasaría ostensiblemente.

Imagínese que para llegar a decodificar la palabra **América** primero tendríamos que establecer de que se trata de unos sonidos en particular, luego realizar una especie de silabeo, para; finalmente, llegar a un todo que es probable que desde el punto de vista semántico no evoque nada, tal y como sucede con la lectura silábica.

El desarrollo de la psiquis es tránsito del contenido a la forma. No tiene sentido dominar forma en detrimento de la comprensión del contenido como ocurre con un niño que es capaz de leer la palabra **lápiz** mediante un silabeo y no llegue a comprender lo que lee al mismo tiempo que puede entender y decir sin ninguna dificultad /lapis/, lo que indudablemente afecta la comprensión lectora, fenómeno muy frecuente en los escolares.

No obstante, la realidad es que, por lo general, la asimilación del lenguaje escrito es un proceso consciente que exige de una enseñanza especial, la cual implica la ocupación inicial en la técnica de la escritura, quedando el sentido de un plano secundario. Después de un año y cinco meses - dos años de aprendizaje, es cuando el lenguaje escrito se convierte en un medio de comunicación.

En el desarrollo del lenguaje oral el niño o la niña no tiene conciencia de los elementos que él utiliza, no sabe que esa emisión fluida, que produce y percibe, se encuentra formada por sonidos combinados en palabras que se entrelazan en la oración. Los niños no se percatan en absoluto de las palabras como unidades aisladas; las confunden con los objetos que ellas designan.

Si a un niño de tres - cinco años se le pide que diga cuántas palabras hay en la frase "papá y mamá fueron al bosque" él dirá que dos (mamá y papá) y cuando más tres, haciendo alusión al bosque.

Para que el niño o la niña pueda percatarse de la estructuración verbal, necesita de una enseñanza especial. Se hace necesario fijar la atención de este en los elementos del lenguaje y no en el significado, que como vimos en el análisis anterior, prevalece en él.

Esto se hace comprensible si partimos que el niño o la niña, en la actividad verbal, siempre tiene como referencia los objetos percibidos y denominados por las correspondientes palabras; se encuentra en relación con las imágenes o ideas que él realiza en el lenguaje y, por tanto, colocadas en el primer plano con respecto a los elementos estructurales del sistema verbal que él utiliza sin percatarse de ellos.

Por este motivo, el período inicial de la enseñanza está encaminado al estudio de las premisas técnicas de la escritura, desviando la atención del niño o la niña, fijada en el significado, tanto por la necesidad de realizar el análisis de la estructura verbal, como a consecuencia del propio estudio lingüístico.

Podemos, como ejemplo de lo segundo, exponer el caso del niño o la niña que, concentrado en la lectura silábica de la palabra ra - ma, no logra comprender su significado. Sin embargo, se le enseña una ilustración donde aparece y de inmediato dice "rama" al identificar el objeto.

En la medida en que el lenguaje escrito se desarrolla en el niño o la niña, la parte técnica de la realización verbal es desplazada a un segundo plano, haciéndose más importante para él el contenido de la expresión que lo ocupa. Esto hace que, tanto la escritura como la lectura, alcancen un alto grado de automaticidad y rapidez.

El lenguaje escrito se encuentra en estrecha relación con el oral. Conocemos que la escritura aparece posteriormente a él y sobre su base. No obstante esto, ambos tienen diferencias evidentes, tanto en su surgimiento y desarrollo, como en las características estructurales presentes.

Si el lenguaje oral se desarrolla como consecuencia de la necesidad que tiene el niño o la niña de participar en la actividad conjunta con los adultos, resultando imprescindible para comunicarse, en la génesis del lenguaje escrito no podemos encontrar este motivo social expresado con suficiente fuerza.

Un ejemplo de esto es lo señalado antes sobre el hecho de que en la etapa inicial del aprendizaje de la escritura, esta no persigue la transmisión de una idea o pensamiento, sino la adquisición de la técnica lingüística, propia de este lenguaje y que ocupa la atención del niño o la niña.

Como hemos podido observar, el lenguaje escrito, a diferencia del oral, que surge de una forma espontánea dentro del límite social, necesita de una enseñanza especial que se hace posible con la escolarización del niño o la niña.

Esto no desconoce la enseñanza temprana de la lectura, por ejemplo de G. Doman, los métodos de estimulación lectora desde la cuna que practica E. Figueredo y su seguidora O. Calzadilla, así como L. Chernousova, especialista que utiliza la lectura como vía de desarrollo del lenguaje oral en menores con trastornos severos en su formación.

La estrecha relación existente entre el lenguaje oral y el escrito lleva a pensar que, precisamente, una premisa necesaria para que el lenguaje escrito pueda desarrollarse en el niño o la niña es que domine la forma oral.

No obstante, en la práctica se puede observar en algunos casos que presentan dificultades en la escritura como son las sustituciones de grafías, no se registran deficiencias en la pronunciación. En estos casos lo más probable es que haya existido esa dificultad en la pronunciación y luego fuera compensada, quedando solo el defecto fonemático.

El lenguaje escrito presenta diferencias señaladas en relación con el oral. La ausencia del interlocutor, la necesidad de prever cualquier incomprensión, la falta de un control exterior, la ausencia de elementos complementarios no verbales, como son la situación, la mímica, los gestos, la entonación, etc., hacen que el lenguaje escrito sea preciso, detallado; los ingredientes verbales son escogidos con mayor minuciosidad que en la forma oral.

En el lenguaje oral, la exposición es más bien espontánea, rápida y apenas seleccionamos con rigor los medios verbales que utilizamos en mayor o menor magnitud, en dependencia de los elementos no verbales que participan en la actividad verbal.

En el lenguaje escrito los medios gramaticales son ampliamente utilizados. La realización es detallada, las oraciones se hacen más largas y complejas, la palabra seleccionada entre las alternativas surgidas es exactamente aquella que responde a la idea del texto. Sabemos que nuestro idioma es rico en sinónimos, pero hay palabras que responden más que otras a un enunciado determinado.

En el lenguaje oral es posible, al apoyarse en los elementos complementarios, darle un acabado final a la palabra utilizada en cuestión. En el escrito por el contrario, todo tiene que darse ya acabado previamente.

El lenguaje escrito no solo gana en complejidad gramatical, en comparación con el oral, sino también en funcionabilidad, en relación con el pensamiento, el cual no es solamente mejor realizado, sino también conservado para ser transmitido de una persona a otra o de una generación a otra. Esto no excluye la conservación del lenguaje oral, pero es menos masivo.

En el lenguaje escrito se efectúa una serie de procesos que están ausentes o poco manifiestos en el oral. Así, se puede decir que a nivel fonemático, se efectúa la búsqueda de sonidos aislados y la correspondiente contraposición, la codificación de sonidos en letras, para luego combinarlos en la palabra correspondiente que se realiza con un carácter más selectivo.

En el nivel sintáctico se observa una construcción gramatical más compleja, la realización tiene por lo regular un carácter consciente y se tienen más en cuenta las reglas del idioma dado.

IX. 2.- Proceso de Lectura

Al igual que la escritura, la lectura constituye un proceso psico - fisiológico complejo, que se efectúa con la participación directa de los analizadores visual, motor-verbal y auditivo - verbal.

La lectura es un proceso inverso al de la escritura, se puede decir que recorre el mismo camino, pero en sentido contrario. Si la escritura va de la idea a la palabra, la lectura va de la palabra a la idea.

"La lectura - dice L. S. Tsvietkova - comienza con la percepción del complejo de letras, pasa a través de la recodificación de estas en sonidos y termina con el reconocimiento del significado de la palabra."[28]

Vemos como la lectura, al igual que la escritura, constituye un proceso analítico-sintético que tiene su comienzo en la percepción de los signos escritos (las grafías, las palabras y oraciones) y en la asociación de las imágenes de las grafías a los sonidos que ellas representan (relación sonido-letra las cuales unidas, han de reproducir la forma sonora de la palabra y luego con el establecimiento de su significado, constituir una unidad mayor de la información dada en la oración y el texto, con el fin de que se comprenda lo leído).

Téngase en cuenta que este proceso puede transcurrir a través del análisis detallado sonido – grafía en el caso del método analítico – de enseñanza de la lectura o por medio de una asimilación global de la imagen gráfica correspondiente a una determinada sonorización de la palabra correspondiente.

Se establece una sólida conexión entre las unidades gráficas percibidas, que al tiempo que cada una es captada y trasladada a un segundo plano para pasar a la captación de la siguiente, no han de desaparecer, sino deben ser retenidas en la memoria operativa, para ser articuladas unas con otras, y extraer las unidades semánticas del texto.

---

[28] *L. S. Tsvietkova: La enseñanza rehabilitadora en casos de lesiones cerebrales, p. 181.*

La lectura es un proceso activo, lo que se manifiesta en la estrategia que la rige. El lector constantemente se adelanta y presupone lo que será leído; al mismo tiempo, se establece una regresión, en caso de ser necesario para corroborar la veracidad de esta; si es necesario, se corrige.

En las etapas iniciales de formación de este hábito se puede observar cómo la captación del primer complejo de letras provoca generalmente en el niño o la niña el surgimiento de suposiciones que se ven aún más si se acompaña a la palabra con una ilustración.

En estos casos la lectura toma un carácter adivinatorio. En más de una vez he observado como un niño puede hacernos pensar que está leyendo un texto de un libro que por sus ilustraciones sabe con perfección que es lo que está escrito.

Atendiendo a lo dicho hasta aquí, se puede comprender que el proceso de la lectura, de aparente sencillez en su realización, tiene una estructura psicológica compleja en la cual se destacan dos niveles de realización: senso - motor y semántico.

El nivel senso - motor abarca la parte técnica del proceso: percepción de las letras y análisis de su significado acústico; se establece la relación sonido - letra, a su vez, estos sonido - letra se fusionan en sílabas para dar lugar a la palabra, se obtiene la imagen acústico - articulatoria de la palabra, a partir de su imagen visual; estos elementos establecidos, son retenidos en la memoria operativa para facilitar la comprobación de la hipótesis.

En el caso de la lectura global, se trataría de la percepción total de la palabra y la evocación de la correspondiente sonorización.

Del estado de funcionamiento óptimo de este nivel depende la velocidad y exactitud de la percepción en el proceso de la lectura. La actividad desplegada está en dependencia del estado, funcionamiento e interacción existente entre los analizadores visual, acústico y cinestésico.

En la formación de la lectura en los niños, la percepción visual de las grafías, separadas o en la palabra, necesariamente se acompaña de la pronunciación en voz alta, para de esta forma llevar la imagen visual a la acústica y a la articulatoria.

El nivel semántico permite la comprensión del significado y el sentido de la información, apoyándose en la actividad inicial realizada por el nivel censo -motor, para así efectuar la tarea principal del proceso de la lectura, que es la comprensión de lo leído.

Estos dos niveles constituyen una unidad en el proceso de la lectura. Para que el segundo nivel pueda realizarse, necesita del primero, aunque este proceso puede efectuarse en su primer nivel sin que se haga posible la realización del segundo. Esto se puede observar en los casos de sujetos que dominen la técnica de la lectura de un idioma extranjero, sin comprender nada en absoluto.

El hecho de que pueda realizarse el proceso de lectura en el primer nivel, no quiere decir que se efectúe en el segundo; pero, indudablemente, esta es su condición primaria e imprescindible.

En la medida en que el proceso de la lectura se convierte en un hábito y se automatiza el funcionamiento de dos niveles, él toma otros matices. En el análisis de la formación por etapas de este proceso, podemos ver reflejado este hecho.

La primera etapa de su desarrollo comienza con la percepción de toda la palabra graficada o de las letras por separado (según método de enseñanza que se aplique) y el análisis de su significación. Se comprende que al principio la lectura es desde el punto de vista operacional, detallada en el análisis de sus elementos.

En la medida en que este hábito se forma, se reducen las operaciones, estas se automatizan y solo en caso necesario vuelven a tomar un carácter minucioso; por ejemplo, cuando se lee una palabra de cierta complejidad estructural o de uso poco frecuente.

El objetivo fundamental del proceso de la lectura es comprender la información encerrada en los signos gráficos. En los primeros tiempos, la parte técnica puede ocupar en gran medida la atención del niño o la niña; la comprensión de lo leído se retarda en relación con la percepción. El niño o la niña puede realizar la lectura silábica de una palabra y no entender su significado. La lectura silábica de una palabra no garantiza que se entienda el significado de la palabra.

En la medida en que se desarrolla el proceso de percepción, se hace más fácil la comprensión. Posteriormente, con la automatización del proceso, la comprensión comienza a adelantarse a la percepción. El lector constantemente se anticipa y propone lo que será leído.

Cuando el proceso de la lectura ha alcanzado un alto grado de automatización y el primer nivel operacional (senso -motor) es desplazado a un segundo plano, ocupando el primero la comprensión (nivel semántico), el mecanismo de establecimiento de hipótesis hace que el lector concrete toda su atención en la comprensión de la información encerrada; no ya en la palabra o la oración, sino en el texto completo.

No podemos descuidar el que el aprendizaje de la lectura hasta el momento ha sido más una resultante de un proceso programado de enseñanza aprendizaje que del acoplamiento social natural al estilo de lo que sucede en el lenguaje oral.

La persona que asimila el lenguaje no tiene idea de las sonorizaciones que escucha y realiza. Y eso no puede ser de otra manera porque iría en detrimento de la propia razón de existencia del lenguaje.

Ello implicaría anteponer la forma al contenido. Imaginémonos por un instante que tengamos que en la recepción de una palabra identificar los sonidos, luego silabearlos para finalmente llegar a sentir que estamos ante la presencia de una determinada palabra y no otra.

Sería algo similar a que tengamos que para identificar a un árbol transitar por cada una de sus partes para luego llegar al dominio de todo el objeto, es decir, ir por el camino de la síntesis al análisis cuando la regularidad ontogénica del desarrollo de la psiquis es ir del todo a la parte y de la síntesis al análisis.

La palabra oral se constituye dentro de un complejo estímulo y eso ha quedado claro en este texto. Qué razón existe para que la escrita no crezca de igual manera y en controversia con las regularidades del desarrollo ontogénico enseñemos la escritura desde su forma y no desde su razón de existencia comunicativa y, por tanto, desde la perspectiva semántica. Al final serán mejores lectores entregados al contenido y no se queden "por las ramas del árbol..."

Al mismo tiempo, el hecho de que en la lectura puede regresarse a lo leído, permite en caso de errores, es decir, de que la hipótesis no coincida con la realidad, inhibir la proposición. Juntamente con la anticipación en la estrategia de la lectura se da la regresión o su control.

Hemos podido comprobar que la lectura es un proceso complejo que se encuentra en dependencia del grado de desarrollo que alcancen los dos niveles de su realización (censo - motor y semántico). La lectura como proceso puede afectarse tanto en el primero como en el segundo nivel.

En el primer nivel puede alterarse producto de un deficiente análisis y síntesis óptico en caso de lesiones en la zona occipito-parietal. En este caso se pierde la imagen visual exacta de las letras, el individuo no puede establecer la relación correspondiente entre la imagen acústico- articulatoria y la visual.

En caso de lesión en el lóbulo temporal izquierdo (el derecho en los zurdos), específicamente en su zona secundaria, como se explicó en el aspecto referido al análisis de la función del analizador auditivo en el proceso de la escritura, se afecta también la lectura, debido al deficiente análisis y síntesis sonoros de la palabra; no se logra establecer la relación correcta entre el sonido y la letra, sobre todo (según A. R. Luria) quedan profundamente alterados aquellos tipos de lectura que requieren un análisis complejo de los sonido - letras.

La relación sonido-letra se ve afectada en los casos de un insuficiente desarrollo fonético, al no poderse diferenciar los sonidos acústica y articulatoriamente.

A nivel semántico (segundo nivel), también la lectura puede alterarse en caso de lesiones en el lóbulo frontal. El mecanismo de anticipación se convierte en una lectura por adivinación no regulada, es decir, no es sometida a corrección. El mecanismo de establecimiento de hipótesis toma un carácter impulsivo. Con estos ejemplos podemos comprobar que este proceso, al igual que el de la escritura, se afecta de distintas maneras en dependencia del eslabón afectado en su estructura funcional.

Es importante que tengamos en cuenta que los ejemplos ilustran a personas que aprendieron la lecto - escritura a través de métodos analítico-sintéticos. Cómo será en los casos de aprendizajes tempranos con métodos interactivos y globalizados. Sigamos en el empeño.

Tenemos que aceptar que la asimilación del lenguaje es un tránsito de lo pasivo a lo activo, de la decodificación a la codificación, del dominio de contenido al análisis de su forma y eso la pedagogía no lo puede obviar. Decida usted que es más pertinente y no olvide que la última palabra es del que aprende.

IX. 3.- Proceso de Escritura

El proceso de la escritura no se reduce al acto motor final. En él interviene una serie de elementos. Sabemos por los estudios sobre la generalización del enunciado, que el eslabón inicial en la realización de este es el motivo. De igual modo, para que este proceso tenga lugar, se hace necesaria la presencia de este motivo.

Al principio del desarrollo de este hábito, la tarea se limita a la escritura de una u otra palabra o frase corta, y luego es cuando se empiezan a exponer ideas más generales en frases completas. Ya en las etapas finales del desarrollo de la escritura, la tarea consiste en la exposición escrita del contenido, en la formulación de toda una idea.

Al perseguir un objetivo dado, el proceso de la escritura ha de mantener una dirección definida, los eslabones de la cadena verbal deben ser retenidos en la memoria para poder conservar el orden de la exposición, considerando qué es lo que ha escrito y qué es lo que ha de escribirse.

De no ser así, este proceso sería incoherente, sus elementos no entrarían en la oración, en la estructura lógico - gramatical correspondiente; se imposibilitaría el paso de la idea surgida al texto.

Todo esto habla de una estructura eslabonada en la realización de la escritura, que, como vemos, es imposible reducir al acto motor final. Semejante consideración sería equivalente a reducir la expresión oral al acto final articulatorio.

Nuestro análisis lleva a comprender la medida en que se encuentran relacionados el lenguaje interno y el proceso de la escritura. Sabemos que el lenguaje interno es el eslabón intermedio entre la idea surgida y su realización final en la estructura sintáctica superficial.

De igual forma participa en este proceso, proporcionándole, con su función predicativa, la conservación y desarrollo del esquema de aquella frase o palabras que deben ser representadas gráficamente.

Si la expresión oral termina con su realización sonora, la escritura exige llevar esas sonorizaciones a sus correspondientes representaciones gráficas, en un orden determinado y en agrupaciones delimitadas.

Aquello que oímos unido, debemos separarlo en la escritura. Por eso no resulta nada extraño que el niño o la niña, en los primeros tiempos de aprendizaje de este hábito, escriba en bloque.

Una de las primeras operaciones que intervienen en la escritura es el análisis sonoro de la palabra. Por esta razón, la base de su enseñanza no es la actividad realizada con las letras sino con los sonidos del lenguaje humano.

De aquí que la capacidad de percibir auditivamente los sonidos del lenguaje, diferenciarlos y generalizarlos en las palabras como unidades diferenciales - ideativas, es decir, el poder reflejar las particularidades principales de los fonemas y sus variantes, sea una premisa necesaria para que el niño o la niña pueda dominarla.

A. R. Luria expone que el análisis sonoro que hace posible la distinción de los sonidos en sucesión que forman la palabra, y la fijación del sonido, es decir, la definición de ese sonido (variante) dentro del conjunto sonoro como un determinado fonema, constituyen la primera operación de la escritura.

La segunda consiste en el paso de los sonidos (fonemas) a los correspondientes esquemas gráficos visuales, es decir, a las grafías o letras. Esta es vencida con relativa facilidad por los niños y solo presentan dificultades en los casos de letras percibidas por la forma o que se diferencian solamente en su organización espacial (d, b, a, o). La escritura en espejo puede tener lugar como consecuencia de que el niño o la niña no defina donde debe comenzar el trazo.

Según L. S. Tsvietkova, el proceso de la escritura consta de dos niveles: **senso – motor** el cual proporciona la técnica de la escritura y un nivel más alto que garantiza la realización de la escritura como actividad verbal, denominado **semántico**.

Para que la escritura sea un proceso cognoscitivo, resultan insuficiente los mecanismos senso - motores; es necesario el dominio de la estructura semántica, léxica y gramatical del idioma.

El primer nivel senso - motor se encuentra integrado por las operaciones señaladas antes (análisis sonoro, selección de la grafía correspondiente y codificación de la imagen visual de la letra en el correspondiente grafema).

El segundo nivel semántico es propiamente el que permite la realización espontánea de la escritura, y responde a un motivo o idea específica, haciendo uso de los códigos semánticos, sintácticos y gramaticales de la lengua.

Con esto se señala que el acto de la escritura puede tener lugar en el nivel senso - motor sin la participación del nivel semántico. La copia, el dictado, tiene lugar en el nivel senso - motor, sin necesidad de incluir el segundo nivel.

Sin embargo, la composición exige un nivel más alto de realización, ya que en ella tiene lugar la codificación de la idea propia en los signos gráficos. Se hace necesaria la inclusión de los códigos semánticos y gramaticales de la lengua.

Este análisis permite comprender que el proceso de la escritura es muy complejo. En la neurología de finales de siglo pasado, se consideraba la escritura como un simple acto motor cuyas premisas estaban localizadas en un centro específico de la organización cerebral, en la parte media de la zona motriz del hemisferio izquierdo.

A partir de los estudios de A. R. Luria, el proceso de la escritura se comprende como el resultado del trabajo conjunto de distintas zonas corticales implicadas en el proceso y, por tanto, imposibles de localizar en un centro específico para esta función.

Cada una de estas zonas asegura la realización de un determinado eslabón del proceso de la escritura, y todas en conjunto, la realización total normal de este complejo acto.

IX. 2. 1.- Papel del Analizador Auditivo en el Proceso de la Escritura

Pudimos ver que una de las premisas fundamentales para que el lenguaje escrito pueda desarrollarse es el oído fonemático. Si este se altera se afectará el lenguaje escrito.

En el estudio de las lesiones focales cerebrales se puede comprobar cómo los distintos analizadores participan en el proceso de la escritura. El análisis sonoro constituye una función directa de la zona temporal de la corteza cerebral, en el hemisferio izquierdo.

En esta región, se ubican dos tipos de zonas. A la primera llegan las fibras del nervio auditivo, que tiene como función conectar la corteza cerebral con el órgano periférico de la audición. Esta se encuentra en relación directa con la percepción auditiva de los sonidos y, en caso de lesiones, se puede observar una sordera total de carácter central.

La segunda zona comprende un gran número de células asociativas, que facilitan el trabajo coordinado de toda zona auditiva y se encuentra en relación directa con la percepción, análisis y síntesis de los sonidos.

En caso de un insuficiente desarrollo o de lesiones en esta última zona, se afecta el oído fonemático. La diferenciación de sonidos acústicamente complejos se hace deficiente, la escritura obtiene un carácter casual; se hace imposible separar en ella los componentes sonoros - gráficos de la lengua.

Se observan sustituciones de grafías sobre la base de la similitud acústica de los sonidos que representan. Sin embargo, en caso de pérdida del lenguaje verbal, pueden sin dificultad, realizar actos de escritura más comunes; por ejemplo, escribir su nombre. De igual forma, les es posible copiar; no así escribir al dictado, el cual, por lo anteriormente señalado, se ve afectado. Todas estas características señaladas se manifiestan claramente en los casos de afasia sensorial.

IX. 2. 2.- Papel de la Articulación en el Proceso de la Escritura

Se ha podido comprobar la estrecha relación existente entre los analizadores acústicos y motor en el proceso de asimilación de los sonidos del lenguaje.

Sabemos que entre ellos se establece una interdependencia tal, que el desarrollo de uno facilita el desarrollo del otro y que, en gran medida, las posibilidades de diferenciación acústica de los sonidos (fonemas), se encuentra en dependencia de las posibilidades articulatorias.

Ya conocemos como al niño que se encuentra en fases iniciales de automatización de las habilidades de escritura, se le dificulta escribir si en el momento en que lo hace se le pide que inmovilice la lengua entre los dientes. El acto de escritura se ve afectado y el número de errores aumenta.

La articulación, sea externa o interna, acompaña el acto de la escritura. Algo que evidencia este hecho es cuando tenemos que escribir una palabra poco frecuente o de cierta complejidad en su estructura sonora: de inmediato la exteriorizamos, haciendo más marcada la pronunciación.

Una de las condiciones necesarias para poder asimilar la escritura, es no presentar deficiencias en la pronunciación. Las sustituciones e inconstancias de estas se ven, por lo regular, reflejadas en la escritura.

En la afasia aferente se pueden observar los esquemas cinestésicos afectados; al paciente se le dificulta determinar las posiciones articulatorias, el logro de la posición correcta. Por tanto, se ve imposibilitado de diferenciar sonidos cercanos por su articulación y se registran sustituciones, lo que indudablemente ha de reflejarse en la escritura al no poder analizar el contenido sonoro de la palabra. Es característico la sustitución de grafías que responden a sonidos de similar complejidad articulatoria.

La unidad de la escritura no es la letra, sino la unión sucesiva de los sonidos que forman la sílaba para formar la palabra que debe ser graficada. En los casos de afasia cinética, la persona, estando en condiciones de saber los elementos que forman un movimiento complejo, no puede integrarlo en una "melodía cinética" y se le dificulta el paso de una articulación a otra apareciendo repeticiones de letras y omisiones; se altera el análisis de los sonidos en sucesión y por tal razón la composición de grafías de las palabras. Se registran perseveraciones sonoras y por ende gráficas.

IX. 2. 3.- Organización Visual de la Escritura

En el análisis que se hizo sobre la estructura del proceso de la escritura, pudimos establecer que su paso final está dado por la realización de la imagen visual en las correspondientes grafías. Este proceso se hace posible con el desarrollo de la gnosis visual, las acciones perceptuales y con la retención de las imágenes acústico – gráficas.

A. R. Luria señala que en la etapa inicial de la enseñanza de la escritura se pueden observar deficiencias de naturaleza visual; unas dadas por el olvido de unas letras, confundiéndose con otras de ellas; otras, dadas como consecuencia de dificultades en la diferenciación de trazados ópticos cercanos, no se logra la organización espacial correspondiente, lo que puede manifestarse en la escritura en espejo. Estas deficiencias se encuentran en relación con un insuficiente desarrollo congénito del sistema cerebral óptico.

Las investigaciones neurológicas han demostrado que la zona occipito-parietal asegura la codificación de la imagen visual con la correspondiente grafía. En caso de lesión cerebral, en la zona occipito-parietal de observa la pérdida de la imagen visual de la letra; no se logra reconocer las letras, es inútil la búsqueda de la correspondiente grafía para representar un sonido dado y no es posible reproducirla; incluso se dificulta la copia. Así, por ejemplo, ante lesiones del córtex secundario occipital se registra la agnosia visual que impide el reconocimiento de las letras y con ello su escritura.

En forma general, podemos decir que el proceso de la escritura en su aspecto sensomotor se ve condicionado por la actividad coordinada de los distintos analizadores señalados (motor, visual y óptico). En caso de un insuficiente desarrollo o de lesiones cerebrales se observa que la escritura puede afectarse de diversas maneras.

IX. 2. 4.- Programación de la Escritura

Por último, debemos señalar, como acción dirigida en un sentido dado y que responde a un motivo en particular, a una idea que ha de ser plasmada por medio de los signos gráficos, necesita, en su realización de la conservación y exposición paulatina de esta idea, lo cual está en relación con la función predicativa del lenguaje interno y evidentemente condicionado al estado funcional del lóbulo frontal.

En caso de lesiones en el lóbulo frontal, se pierde con facilidad la palabra que se debe escribir; las palabras anteriores no se inhiben, sino que continúan influyendo en las siguientes; hay repeticiones y omisiones de letras. Se imposibilita el paso de la idea al texto escrito.

En general, el proceso de la escritura es asimilado por el niño o la niña, mediante el funcionamiento óptimo de todos estos eslabones señalados, por lo que se constituye como un todo único diferenciado.

Ese proceso puede desarrollarse insuficientemente o ser afectado como consecuencia de lesiones cerebrales. Ahora bien, no siempre las deficiencias presentes en el proceso de escritura se encuentran en relación con estados patológicos. Se deben diferenciar la incultura, el desconocimiento o la incorrecta fijación de hábitos por deficiencias pedagógicas, de las patologías reales que afectan este proceso.

No deben considerarse patologías el no dominio de reglas ortográficas o de las variaciones que van del plano fonético a la representación gráfica, como son los casos que se pronuncia de una forma y se escribe de otra, los cuales tienen como base de fijación solamente los componentes visual y motor.

Aunque nuestro idioma, a diferencia del inglés por ejemplo, tiene como base inicial el análisis fónico, no existe en todos los casos una relación exacta entre la composición sonora de la palabra que escuchamos y lo que escribimos. Ejemplo: en la palabra azúcar se escucha el sonido /s/ y se representa /z/.

CAPÍTULO X.- ESTIMULACIÓN TEMPRANA

X. 1.- Fundamentos

La comunicación del niño o la niña con su madre comienza desde la etapa embrionaria. La comunidad de sensaciones físicas y emocionales, así como implementación de formas crecientes de interacción llevan a la madre a iniciar conversaciones con su niño en la fase prenatal.

A ello también se unen otros familiares. Se sabe, por ejemplo, de la inclinación del niño o la niña hacia el lado en que duerme el padre afectuoso y comunicativo con él. De tal manera se destaca la importancia del contacto emocional como recurso comunicativo.

El lenguaje se asimila en un medio que así lo estimule. Está regido por la necesidad de interacción en la búsqueda de la satisfacción de necesidades materiales y espirituales. Sin motivos no se implementan los recursos para la comunicación. En los casos en que la anticipación de los padres a las necesidades de sus hijos facilita una satisfacción de ellas limitará el desarrollo del lenguaje.

Se registran menores sobreprotegidos que presentan limitaciones en la asunción el lenguaje. El niño o la niña debe asumir roles activos en la interacción con los demás y esto se logra sobre la base de la formación de motivaciones concretas derivadas de su interacción con el mundo circundante.

También se conocen casos de niños aislados socialmente (de forma parcial o total) que presentan serias insuficiencias en el desarrollo del lenguaje. Por ejemplo, los hospitalizados por largos períodos, institucionalizados desde edades tempranas, los gemelos hipoestimulados, etc.

Cuando los padres entienden expresiones muy inacabadas de sus hijos y, sin embargo, fuera del marco familiar se sienten incomprendidos, lo que trae consigo frustración e inhibición. El niño o la niña pasa paulatinamente a un estado de negativismo, al principio verbal y luego conductual.

Es necesario tener una garantía de niveles mínimos de comprensión y realización de respuestas que impliquen la permanencia y mayor incorporación del niño o la niña al proceso comunicativo.

Esto, también lo encontraremos en el caso contrario, cuando se pide al niño recursos y niveles de perfección que están por encima de sus posibilidades. El resultado es un desajuste emocional.

Si el niño o la niña no usa el recurso o lo usa de forma inacabada, lo adecuado es proporcionárselo y expresárselo de forma enfatizada y detallada, dándole todas las oportunidades para que le resulte asequible.

Es bueno tener en cuenta que no es precisamente la reiteración del estímulo (su permanencia en el tiempo) lo que rige el aprendizaje, sino la vitalidad del estímulo y su funcionalidad. Tan malo resulta el defecto como el exceso.

Es importante recordar que los medios para comunicarse están en un segundo plano con respecto a la necesidad de las ideas que se quiere expresar. El niño o la niña logra hablar sin tener idea del sustrato material de la palabra. La esencia está en lo que se quiere comunicar y no en su forma.

Es pertinente que nos detengamos en el tema relacionado con el aprendizaje de varias lenguas. Se conocen casos de bilingüismo y dominio de varias ellas de forma simultánea por parte de niños desarrollados en medios multinacionales, donde diferentes lenguas están vigente en la vida cotidiana.

Al mismo tiempo en la práctica de la atención a personas con necesidades educativas individuales en el área del lenguaje, se registran casos de insuficiente desarrollo en niños de familias que practican varios idiomas de manera indiscriminada, sin un ajuste consecuente a medios y funciones específicas.

Es necesario definir marcos comunicativos concretos para el uso de determinadas lenguas. Se deben establecer necesidades diferenciales de uso de cada lengua, evitar la contaminación y superposición funcional que lleve a la contaminación.

La realización de la actividad conjunta, en la que el niño o la niña ocupa papeles cada vez más protagónicos facilita su activismo verbal y el tránsito a la codificación y el empleo creativo e imaginativo de la lengua por lo que se le debe conceder sensación de independencia y autonomía en su uso, evitando el excesivo control y la imposición rigurosa de patrones o modelos rígidos de verbalizaciones.

La educación como fenómeno social debe suministrar oportunidades de aprendizaje en forma organizada y con precisión a través de distintos medios y formas.

El análisis de la evolución del lenguaje en la ontogenia, como se indica en este propio texto resalta las fases tipos de su desarrollo del lenguaje en niños de diferentes nacionalidades, así como expresiones de similitud que constituyen una manifestación de una cultura establecida de una alta connotación universal. Así por ejemplo, se registran sonidos comunes en la fase del gorjeo, similitud en el balbuceo, realización de sonorizaciones que solo serán inherentes de idiomas en particular, como la guturalización de la / rr / en el idioma francés, etc.

La actividad del aparato articulatorio en la ontogenia tiene al igual que en la filogenia, una connotación inicial de orden somático y su propio entrenamiento y uso efectivo con los actos de succión, deglución y masticación; llevan a una garantía funcional importante para la práctica verbal ulterior.

El aseguramiento de un funcionamiento de calidad es una premisa de alto valor para el desarrollo del lenguaje expresivo. Además de señalar la importancia preventiva del entrenamiento articulatorio fisiológico, se argumenta la importancia de la masticación sonora como método correctivo de vigencia y efectividad en la práctica de la estimulación del lenguaje.

En esta misma línea es necesario hacer referencia a la aparición del oído tonal en la ontogenia. Manifestación que es vigente, de igual forma, en todos los niños y es de gran importancia en la comunicación con el adulto.

Las investigaciones realizadas por A. N. Leontiev demuestran que, de forma inicial, este se manifiesta con similar intensidad en los primeros meses de vida en diferentes personas y por la falta de estimulación con la socialización y la apertura del carácter fonemático de las lenguas este pierde en vigencia, sede espacio de forma paulatina y se atrofia considerablemente.

Estamos ante una evidencia que resalta como el desarrollo no lleva implícito sólo formación, sino también deterioro y pérdida. La capacidad auditiva verbal se irá conformando según las exigencias sociales, reveladas a través de las cualidades de la lengua materna.

La ontogenia manifestó su potencial para vitalizar el uso de los recursos tonales y la ausencia de estimulación marca su deterioro paulatino. En aquellas lenguas en que el oído tonal esté vigente, como es el alemán, el inglés, el japonés y otros, este fenómeno no se registrará, será también elemento semántico diferencial dentro de la palabra.

Es evidente que la estimulación del oído tonal constituye una ampliación cultural significativa que implica una mayor movilización de recursos o capacidades que se harán relevantes con la asunción de diferentes lenguas.

No obstante, lo esencial se manifiesta en la posibilidad de movilizar con mayor amplitud el sistema nervioso y evitar con ello que se pierda lo que aparece en un momento como muestra de los logros de la cultura humana manifiesta en la individualidad.

La presencia de la función es indicadora de un sustrato cerebral que la hace posible. Al mismo tiempo, la mayor movilización funcional implica más recursos para asimilar diferentes manifestaciones culturales, en este caso idiomáticas, en fases ulteriores de desarrollo, por ejemplo, durante el aprendizaje de segundas lenguas. Por otra parte, revela posibilidades de compensación ante las pérdidas de función verbal.

Se conoce que el oído tonal y el fonemático no tienen la misma organización cerebral. Esta cuestión resulta paradójica, ya que ambas funciones siendo similares se establecen sobre la base de estructuras funcionales diferentes, y por tanto, zonas del cerebro que son movilizadas o no según la relevancia que alcancen durante la estimulación social.

Estamos indicando que a mayor amplitud cultural en el proceso de socialización más recursos del sistema nervioso se movilizarán y como tal la aprehensión será más rica. En sentido contrario, de no procederse a esta estimulación tendrá lugar el atrofiamiento y la pérdida de la capacidad. Los valores funcionales se van perdiendo, se someten a un proceso de involución.

Las capacidades intelectuales humanas son múltiples y de igual modo debe ser la estimulación social. Cuando estamos en presencia de sistemas nerviosos más movilizados se encuentran personas con mayores posibilidades de reestructuración de los sistemas funcionales en caso de lesiones cerebrales.

Destacamos en calidad de ejemplo los casos de recuperación espontánea en disfasias en personas bilingües (L. S. Vygotsky, A. R. Luria, E. Figueredo y otros). Incluso pueden ser disfásicos en una lengua y la otra conservarla en estado funcional óptimo.

A su vez, es un indicador de que para cada lengua se ha establecido un sistema funcional cerebral de manera particular, lo que al mismo tiempo revela mayor incorporación funcional del sustrato cerebral.

Podemos seguir argumentando al referirnos a la actividad motriz, en particular, la manual y su desarrollo, unido a la formación del lenguaje en el niño o la niña. Esto acontece de tal manera que alcanzan una organización funcional de un gran vínculo. En el plano ejecutor se visualiza en la calidad de los movimientos de la mano, la articulación verbal y el dominio general del mundo que rodea al niño.

En consecuencia se manifestará la riqueza semántica del lenguaje en desarrollo. Todo lo cual constituye una evidencia de la interacción filogénica de la actividad manual y verbal, y su evidente reflejo en la coincidencia de la configuración cerebral de ambas.

Debemos recordar el vínculo existente entre la actividad manual y la dominancia cerebral. Se registra con más frecuencia recuperación espontánea en caso de disfasia en individuos ambidextros. La necesidad de simultanear la actividad manual y la comunicación oral matizan una relación de amplia magnitud filogénica y en consecuencia se encuentra reflejada en la ontogenia

En calidad de ilustración se recuerda como Pestalozzi (1782), hace referencia a que si él fuera maestro de su aldea, instalaría en el aula ruecas y telares y haría que los niños aprendan a trabajar a la vez, con la lengua y con los dedos.

De esta manera, podemos argumentar cómo se hace importante establecer un sistema de estimulación que sobrepase los límites estrechos de la socialización e instrumentar un proceso pedagógico que comience desde las edades más tempranas y que tenga en cuenta los logros de la especie, evidenciados en la evolución de las individualidades. De aquí que entendamos la estimulación temprana como la vía más efectiva del trabajo preventivo.

La mejor forma de prevenir es potenciar el desarrollo. En este orden, se afirma que la potenciación del desarrollo está dada por la movilización de los recursos filogénicos manifiestos en la ontogenia, a través de un proceso de culturalización que sea de mayor amplitud que el entorno social cotidiano.

Se crean las condiciones para asumir con más posibilidades los riesgos de la vida y mayores condiciones para la reestructuración y compensación de los sistemas funcionales.

La estimulación temprana es la mejor forma de prevenir y pone como meta futura que la atención a las necesidades educativas alcance una dimensión compensatoria correctiva, es decir, que podamos más reorganizar los sistemas funcionales que corregirlos.

Un proceso de aprendizaje rigurosamente establecido sería idóneo para definir las vías y métodos adecuados de desarrollo. Es importante incluso definir de antemano los métodos más adecuados para el desarrollo.

Enseñar desde el mismo inicio con el método adecuado a las posibilidades del niño o la niña. Hay que enseñar con el método que el niño o la niña aprende y no con el que creo que enseño. La educación tiene que ser oportuna y pertinente para que se aproveche el periodo de más fertilidad y plasticidad humana.

Ha sido una inquietud constante de los educadores el que se instrumente una atención temprana. En este orden Comenius (1630), Pestalozzi (1818), Froebel (1826) y otros, al referirse a los primeros años de vida, indican la fertilidad de esta fase, destacándose las implicaciones negativas en el proceso de aprendizaje un descuido pedagógico. Por ejemplo, Froebel señaló que si no se aplican todos los cuidados al desarrollo temprano del ser humano se dificulta más tarde la marcha de la educación.

El proceso de estimulación del lenguaje debe tener lugar en el contexto de un proceso integral de desarrollo desde el embarazo y debe tener como premisa la preparación previa de los familiares para asumir este rol, lo que lleva implícito que en la propia fase de gestación el niño o la niña ya esté inmerso en el propio proceso de asunción del conocimiento y formación de habilidades de sus progenitores.

Las capacidades de aprendizaje son relevantes y como tal deben ser explotadas. No podemos concebir los 5 - 6 años o en el mejor de los casos los 3 - 6 años y en calidad de preparación para la escuela. Como indicando que el aprendizaje comienza con la entrada a la escuela, es decir, en la básica.

Al referirnos a la educación desde los primeros años de vida es inconsecuente hablar de educación (estimulación) precoz, como si se tratará de algo que ocurrirá fuera de tiempo. Al parecer es algo que se está haciendo fuera de tiempo y es para preparar para otra etapa.

En realidad hay que hacer lo que corresponde en la etapa para satisfacer las necesidades de aprendizaje que son inherentes a la persona en desarrollo. El educador debe plantearse objetivos de enseñanza de gran amplitud cultural (auto- imposición de metas) sobre la base de una adecuación curricular consecuente que facilite un activismo relevante del que aprende.

En esta interacción se registran diferencias individuales que se deben tener en cuenta, pero siempre en el sentido de la movilización, que no lleve a la pasividad. Hay que operar con criterio de normas de desarrollo en calidad de orientación y no de imposición.

Así, unos niños presentarán una evolución más rápida que otros, pero en todos los casos hay que tener diseñado el proyecto educativo y las medidas que garanticen, en todos los sentidos, una mayor pertinencia para el desarrollo.

En la correlación entre las manifestaciones individuales de desarrollo y las condiciones sociales en que este ocurre hay que tener en cuenta que se trata de no sólo transmitir una cultura registrada en un código externo vitalizado con mayor o menor amplitud en los diferentes contextos de socialización, sino también movilizar los recursos filogénicos registrados en el código genético como experiencia cultural del acontecer de la especie humana y que deja sus huellas en la biología humana.

En la relación de lo biológico y lo social en el proceso del desarrollo del niño o la niña, hay que entender que lo biológico refleja también el acontecer de la vida social del ser humano como especie humana.

Por eso lo adecuado es hablar no de socialización cuando se hace referencia al proceso de aprehensión del conocimiento y desarrollo de habilidades y pensar en términos de cultura humana universal de todos y para todos.

El niño o la niña, independientemente de su nacionalidad, podrá aprender cualquier variante idiomática no por ser de una nacionalidad en particular, sino por ser portador del potencial genético pertinente que le permite asumir las variantes culturales resultantes de la vida social en que se inserte.

Recordemos que un japonés habla japonés no por ser japonés, sino por vivir en Japón. Lo mismo que le sucedería a un niño chileno que se desarrolle desde su nacimiento o primeros años de vida en Japón.

La educación debe mediar para proporcionar la asimilación del conocimiento y desarrollar determinadas habilidades, debe estimular todas las disposiciones y esferas de talento y con ello garantizar la asunción de las variantes culturales que le sean relevantes y al final termine utilizando su sistema nervioso por encima del 10 %, que es lo que hoy, el ser humano activa como media general.

Es bueno entender que el niño o la niña no es una expresión reducida de lo que será de por ser humano, sino una expresión amplia de lo que ha llegado hacer el ser humano y, por tanto, lo expresa de manera específica en momentos determinados y anuncia que él puede aprender algo y si no se crea el contexto, el aprendizaje no tendrá lugar y algo más tarde será mucho más difícil, como es el caso del aprendizaje de segundas lenguas en los adultos.

Se trata de impedir que se pierdan las múltiples capacidades del ser humano y llevarlo a nuevos estadios de desarrollo y con ello seguir enriqueciendo la cultura humana.

El niño o la niña con el nacimiento trae la relevancia de lo más notorio de la arquitectura de la cultura humana, hace falta un proceso de edificación que no obvie esta potencialidad y la enriquezca.

La irregularidad del desarrollo psíquico es una evidencia de la necesidad de ser consecuente e instrumentar una enseñanza que lleve al desarrollo, teniendo en cuenta lo pertinente para cada fase.

Así, por ejemplo, se conoce como en el caso de niños que se someten a una verbalización anticipada en la cognición del mundo circundante se registran disfunciones como la tartamudez.

En estos momentos se habla con mucha fuerza de permitir un proceso de educación pertinente ante la necesidad de asumir una experiencia social sometida a constantes y profundos cambios.

Solo desde una formación que parta de la experiencia históricamente establecida y que a su vez sea portadora de las perspectivas y tendencias del desarrollo humano en general (espiritual y material, racional e irracional, inductor y ejecutor), se podrá garantizar respeto y posición consecuente ante el desarrollo de la diversidad.

Al respecto L. S. Vygotsky hace un aporte notorio cuando habla de la necesidad de definir el campo de accionar de manera conjunta (con un determinado nivel de apoyo) y en el que se es capaz de ejecutar de forma efectiva, independiente y autónoma. Por ello, la mejor forma de definir la veracidad y correspondencia de un modelo de aprendizaje es facilitando que el menor se incorpore a un proceso de aprendizaje establecido con rigurosidad y en el momento preciso.

Al tratar la capacidad idiomática como el conjunto de las condiciones anatomofisiológicas y psicológicas personales que permiten la incorporación del lenguaje del entorno social en que se desarrolle el sujeto, se destaca el rol de la mediación social en la formación de las habilidades verbales.

Por eso se indica que es un tránsito de la actividad conjunta (interpsicológica) a la individual (intrapsicológica). Se trata del hacer para hablar. Con la idea de argumentar la idea se destaca la interacción entre el desarrollo de la motricidad fina y la formación del lenguaje. Esto acontece de tal manera que alcanzan una organización funcional de un gran vínculo. En el plano ejecutor se visualiza en la calidad de los movimientos de la mano, la articulación verbal y el dominio general del mundo que rodea al niño. En consecuencia se manifestará la riqueza semántica del lenguaje en desarrollo. Ya, en reiteradas oportunidades, la ciencia nos ha dado cuenta de la evidente interacción filogénica entre la actividad manual y la verbal, y su evidente reflejo en la coincidencia de la configuración cerebral de ambas.

Debemos recordar el vínculo existente entre la actividad manual y la dominancia cerebral. Se registra con más frecuencia recuperación espontánea en caso de disfasia en individuos ambidextros. La necesidad de simultanear la actividad manual y la comunicación oral matizan una relación de amplia magnitud filogénica y en consecuencia se encuentra reflejada en la ontogenia.

De esta manera, se puede argumentar la estimulación que comprenda un proceso de mediación que comience desde las edades tempranas y que tenga en cuenta los logros de la especie, evidenciados en la evolución del niño o niña. De aquí que entendamos la estimulación temprana como la vía más efectiva del trabajo preventivo.

La mejor forma de prevenir es potenciar el desarrollo. En este orden, afirmamos que la potenciación del desarrollo consiste en la movilización de los recursos filogénicos manifiestos en la ontogenia, a través de un proceso de culturalización que sea de mayor amplitud que el marco social cotidiano.

Se crean las condiciones para asumir con más posibilidades los riesgos de la vida y mayores condiciones para la reestructuración y compensación de los sistemas funcionales. La estimulación temprana es la mejor forma de prevenir y pone como meta futura que la atención a las necesidades educativas alcance una dimensión compensatoria correctiva, es decir, que podamos más reorganizar los sistemas funcionales que corregirlos.

Un proceso de aprendizaje rigurosamente establecido sería idóneo para definir las vías y métodos adecuados de desarrollo. Es importante incluso definir de antemano los métodos más adecuados para el desarrollo. Mediar de forma oportuna, desde edades temprana, con los métodos adecuados para facilitar la progresión de sus habilidades verbales.

Hay que enseñar con el método que el niño aprende y no con el que creo que enseño. La educación tiene que ser oportuna y pertinente para que se aproveche el periodo de más fertilidad y plasticidad humana.

Ha sido una inquietud constante de los educadores el que se instrumente una atención temprana. Estudiosos e investigadores de múltiples disciplinas han coincidido en que la estimulación del lenguaje debe tener lugar como un proceso integral de desarrollo desde el embarazo.

Se trata entonces, de tener como premisa la preparación previa de los familiares para asumir este rol, lo que lleva implícito que en la propia fase de gestación el niño ya esté inmerso en el propio proceso de asunción del conocimiento y formación de habilidades de sus progenitores.

Las capacidades de aprendizaje son relevantes y como tal deben ser desarrolladas. No se debe concebir los 5 - 6 años o en el mejor de los casos los 3 - 6 años como un período de preparación para la escuela; como indicando que el aprendizaje comienza con la entrada a ésta, es decir, en la básica. Dicha etapa tiene sus propios objetivos y metas.

Al referirnos a la educación desde la fase prenatal hay que concebirlo desde sus propios resultados y así satisfacer las necesidades de aprendizaje que son inherentes a la persona en desarrollo. En este contexto, se recomienda que la mediación tenga lugar con objetivos de enseñanza de gran amplitud cultural y con centralidad en el que aprende: Desde la persona y sus potencialidades hacia la asunción al inicio conjunta para que logre ser autónoma.

En la práctica de atención a niños y niñas con necesidades de apoyo para favorecer el desarrollo del lenguaje verbal, se registran diferencias individuales que se deben tener en cuenta, pero siempre en el sentido de la movilización, que implique siempre activación. Siempre pensando que la persona puede aprender desde las siempre presente capacidades.

Hay que operar con criterio de normas de desarrollo en calidad de orientación, pero no de imposición. Así, unos niños y niñas presentarán una evolución más rápida que otros, pero en todos los casos hay que tener diseñado el proyecto educativo y las medidas que garanticen, en todos los sentidos, una mayor pertinencia para el desarrollo.

Las normas de evolutivas no son para imponerse, por el contrario, es entender los matices del desarrollo de la diversidad humana. Es el punto de partida y no su destino. Se toma como premisa para asumir el método que propicie el desarrollo.

En la correlación entre las manifestaciones individuales de desarrollo y las condiciones sociales en que este ocurre, hay que tener en cuenta que se trata de no sólo transmitir una cultura registrada en un código externo vitalizado con mayor o menor amplitud en los diferentes contextos de socialización, sino también movilizar los recursos filogénicos registrados en el código genético; como experiencia cultural del acontecer de la especie humana y que deja sus huellas en la biología humana.

Al respecto son muchas las investigaciones que siguieron aportando a las posturas de Chomsky (1965) al referirse a la capacidad innata del ser humano para asimilar el lenguaje. En la relación de lo biológico y lo social en el proceso del desarrollo del niño o niña, hay que entender que lo biológico refleja también el acontecer de la vida social del ser humano.

X.2.- Indicaciones Metodológicas para el Desarrollo de Acciones Estimuladoras del Lenguaje Desde Edades Tempranas

1. Desarrollo del afecto como premisa que garantice el contacto emocional, la empatía y las motivaciones
2. Desarrollo del ritmo y el oído tonal
3. Desarrollo del lenguaje impresivo auditivo
4. Desarrollo del lenguaje impresivo visual
5. Desarrollo de la motricidad general y fina:
   - Extremidades inferiores
   - Extremidades superiores, motricidad fina de las manos
   - Movimientos articulatorios del aparato bucal
   - Estimulación del gorjeo y balbuceo
6. Estimulación del desarrollo de las funciones de la palabra:
   - Sincrética
   - Nominativa
   - Categorial
7. Estimulación del desarrollo del lenguaje oracional
8. Estimulación del desarrollo del ritmo y fluidez verbal

1. Desarrollo del afecto como premisa que garantice el contacto emocional, la empatía y las motivaciones

Todas las actividades que se realicen con el menor deben transcurrir en un ambiente agradable, provocar sensación de bienestar, agrado, respeto, mostrar sentimientos de aceptación y complacencia ante las formas de ejecución de las tareas y los resultados que se obtienen.

En particular, el contacto visual y el físico constituyen aspectos de alta relevancia. El afecto se demuestra a través de una expresión positiva en el rostro, una palmada en el hombro, un abrazo afectuoso, etc.

Cuando el niño o la niña guarda silencio, por ejemplo, acercarse y propiciar una sonrisa diciéndole palabras cariñosas y agradables, mostrándole juguetes de diferentes formas y colores, que produzcan sonidos al apretarlos. Se puede tocar suavemente el contorno de la boca con el dedo, hágale suavemente cosquillas en el vientre. Usted deberá sonreírle en respuesta a su sonrisa, besarlo, cargarlo, etc. Recuerde que las sensaciones rítmicas favorecen la comunicación con el niño o la niña.

2. Desarrollo del ritmo y el oído tonal

El desarrollo del oído tonal concreta su objetivo en la estimulación acústica del mundo sonoro. Cuando el niño o la niña esté en estado de vigilia, produzca ruidos con cualquier objeto: marugas, trozos de madera, campanas, etc. cerca del piso o incluso contra el piso. Si el niño o la niña no localiza la fuente del sonido hacia abajo y buscando, baje su cabeza en dirección al sonido. Procurar comenzar con sonidos ya conocidos por el niño o la niña, de esta forma le será más fácil localizarlos. Luego pase a introducir sonidos nuevos. Vaya retirando poco a poco la ayuda a medida que obtenga respuesta.

Además el niño o la niña debe ser sometido a sesiones de audición de música clásica, popular chilena, cantos de la madre, y de diferentes culturas lo que permitirá la estimulación y establecimiento del oído tonal. Esto último lo puede iniciar desde el embarazo.

3. Desarrollo del lenguaje impresivo auditivo

El desarrollo del lenguaje impresivo auditivo persigue el objetivo de relacionar objetos y personas con sonidos, expresiones onomatopéyicas y palabras orales.

Al niño o niña se le presentan objetos sonoros manuales que permita no solamente escuchar el sonido sino también que los produzca con sus manos, de tal forma que pueda identificar el objeto con el sonido que este hace. Cumplimiento de órdenes: ¿Dónde está mamá? ¿Dónde está papá? Identificación de animales por los sonidos que emiten, etc.

4. Desarrollo del lenguaje impresivo visual

El desarrollo del lenguaje impresivo visual tiene como meta relacionar la palabra oral con su representación escrita o gráfica.

A partir del momento en que el niño o la niña exprese palabras, estas se relacionarán gráficamente con los objetos, animales y personas, sus imágenes visuales de los objetos o personas que ellos representan. Ejemplo: Si el niño o la niña dice "mamá" se le colocará en un mural dentro de su campo visual una foto de la mamá y debajo la palabra mamá. Con sistematicidad pero por breves espacios de tiempo (no más de tres segundos), se relaciona la imagen con la palabra a través de la siguiente indicación: mamá y se señala con un gesto la palabra gráfica.

5. Desarrollo de la motricidad general y fina

El desarrollo de motricidad general se concreta en la ejercitación de la motricidad de las extremidades inferiores y tiene como objetivo desarrollar la movilidad de las piernas. Ejemplo:

Al niño acostado boca arriba se le toman los pies y se le llevan a una posición de bicicleta logrando la flexión y extensión. Paulatinamente se le va retirando el apoyo externo para la realización del ejercicio. es un momento propicio para el contacto emocional adulto-niño.

Las extremidades superiores se ejercitan mediante la movilidad de los brazos y los movimientos de pinza de la mano.

Ejemplo: Al menor, en posición de sentado con las piernas abiertas, se le invita a recibir y rodar bolitas de goma o plásticas de 2 cms de circunferencia.

Los movimientos articulatorios del aparato bucal desarrollan las habilidades cinético - cinestésica del aparato bucal. Ejemplo: Realización de movimientos de extensión y proyección de los labios con ayuda mecánica por parte del adulto, quien con sus dedos índice y pulgar presiona desde las mejillas hacia delante y hacia atrás los labios. Estimular al niño para que tire besos, que por imitación saque la lengua y mantenga las poses obtenidas.

La estimulación del gorjeo y balbuceo se concreta en la estimulación de la producción de vocalizaciones y repeticiones de sílabas. Cuando el niño o la niña espontáneamente produzca juegos vocálicos o repita sílabas con insistencia, acérquesele y colocado frente a él repita como un eco lo que el niño o la niña dice.

Si el niño o la niña todavía no combina consonantes y vocales, usted puede propiciar que el niño o la niña produzca estos sonidos cuando usted le habla mientras realiza las actividades cotidianas de cuidado: la alimentación, el baño, el cambio de pañales, etc. Si dice vocales aisladas, repetida varias veces distintas vocales. Diga la vocal "u" pronunciándola fuertemente y coloque la mano del niño o la niña en su garganta para que sienta las vibraciones. Puede hacer lo mismo con la vocal "o". Debe comenzar siempre con las vocales "a", "o", "u" y después hágalo con las vocales "e", "i" colocando la mano del niño o la niña bajo su barbilla.

6. Estimulación del desarrollo de las funciones de la palabra

La estimulación del desarrollo de las funciones de la palabra desde la relación sincrética de ésta con el objeto, se consolida a través de diferentes actividades, donde se utiliza el mismo objeto denominado sin que sufra variaciones cuantitativas y cualitativas, pero si variando el contexto y las funciones con el que este objeto se relaciona. Ejemplo: Este es la pelota. La pelota es para jugar, es redonda. La pelota está en el juguetero. El niño o la niña tiró la pelota. En esta fase debe ser la misma pelota.

La función nominativa se ejercita con la finalidad de consolidar la relación objeto-palabra, introduciendo variaciones cualitativas y cuantitativas. Se desarrollan diferentes actividades donde se utiliza un objeto determinado al que se le modifican sus cualidades. Ejemplo: Esta es la pelota. La pelota es grande, sirve para jugar, está en el juguetero. La pelota es pequeña

La función categorial se desarrolla por medio de la organización semántica de los recursos denominativos que emplea el menor. Se desarrollan actividades donde el objeto denominado se incluyen dentro de categorías. Ejemplo: La palabra pelota se incluye junto con otros objetos dentro de la categoría juguetes.

7. Estimulación del desarrollo del lenguaje oracional

La estimulación del desarrollo del lenguaje oracional se realiza empleando estructuras gramaticales. Se desarrollan actividades en las que el niño o la niña debe responder oralmente a preguntas que aborden los aspectos relacionados con las acciones que ejecuta. Estas preguntas deben exigir poco a poco la ampliación de las respuestas del niño o la niña en correspondencia con las posibilidades que le brinde el vocabulario activo. Se parte de acciones en presente Ejemplo: "camino" (el mediador y el niño o la niña ejecutan de forma conjunta la acción), luego se le añade el pronombre "yo", mientras el niño o la niña ejecuta la acción se le solicita que diga "yo camino."

Se pasa luego a acciones en pasado y luego en futuro. Posteriormente se le incorporan elementos verbales del complemento directo. Ejemplo: "yo tomo agua·" y luego de otros complementos: "yo doy besos a mamá", etc.

8. Estimulación del desarrollo del ritmo y fluidez verbal

La estimulación del ritmo y la fluidez verbal persigue desarrollar el sentido del ritmo y sus modificaciones. Actividades:

• Realización simultánea de vocalizaciones con aumento paulatino de su extensión.

Ej: a, a____, a_____, a_____,
   a__, e__, e_____, e_____

Y así sucesivamente con las restantes vocales.

• Realización simultánea de enunciados verbales de poca variabilidad rítmica, utilizando estructuras monosilábicas, bisilábicas, etc. de la siguiente manera:

fa, fa_____fa,fafa, fafá.
sa, sa_____sa, sasá
sa____sa, safa
Y así sucesivamente.

El desarrollo del oído tonal facilita el desarrollo del sentido del ritmo, al contrario, el desarrollo del oído fonemático conlleva a la arritmia verbal.

Es imprescindible que la ejercitación se realice de tal manera que tenga trascendencia, significado y que estén acorde con las potencialidades del niño o la niña. Así la situación de estimulación debe propiciarle la posibilidad de apropiarse de la lengua como vía efectiva de comunicación y ser capaz de aplicarla de forma consecuente ante las condiciones cambiantes, provocar sensación de satisfacción y de uso objetivo del conocimiento en el plano de la mayor conexión entre lo conocido y lo que se plantea como nuevo.

Se trata principalmente de acompañar al niño o niña en su desarrollo, de estimular desde sus posibilidades. Es necesario introducirse en la actividad del niño o la niña, partiendo siempre de lo que hace, de lo que sabe hacer; teniendo la sensación de apertura, libertad y placer de vivir las actividades que ejecutan.

Para ello, debe tener un clima de seguridad, confianza en los demás y en si mismo, Para ello es relevante que sientan el apoyo emocional y afectivo. Hay que esforzarse en crear situaciones de accionar conjunto, donde se transmita seguridad y sensación por medio de las palabras, los gestos y movimientos corporales.

Desde los primeros momentos de la existencia del niño o la niña, estas formas extraverbales, junto con la entonación, llevan el peso fundamental de los valores semánticos de la comunicación en un ambiente de equilibrio emocional y se van creando las condiciones del creciente simbolismo, lo que favorece sustancialmente la asunción de los valores funcionales del lenguaje hablado en la interacción con las demás personas. Al final queda consolidada una agradable sensación por el uso del lenguaje como vehículo de transmisión en ámbitos emocionales pertinentes y de estados de satisfacción, que así lo demandan.

X. 3.- Sugerencias Generales para la Interacción

Las relaciones con los niños y niñas deben acontecer en un marco facilitador del cumplimiento de los resultados esperados en el desarrollo del lenguaje. Al efecto se sugiere:

- Fijar la atención en lo que hace el niño o niña. Partir de lo que motiva y atrae la atención, evitando sobrecargas de estímulos
- Fijación de la atención en el mundo sonoro. Tanto sonidos no verbales como verbales
- Diferenciación de sonoridades por sus particularidades, objetos que le identifican y su ubicación en el espacio
- Desarrollar la imitación de entonaciones y canto. Tránsito paulatino de la posición pasiva a la activa: recepción, emisión sincrónica, emisión refleja y, por último, espontánea. Los recursos musicales deben ser diversos y con representaciones de diferentes géneros y expresiones culturales universales
- Estimular la realización de vocalizaciones en los momentos más pertinentes, que por lo regular se relacionan con estados de satisfacción material y espiritual
- Facilitar la imitación de los movimientos articulatorios con plena ejecución, dentro del campo visual del niño o la niña. Uso de medios de fijación cinestésica por medio del control visual y sensorio - motor. Incorporación de rótulos imitativos de los objetos y luego de sus imágenes
- Imitación de las producciones articulatorias y producciones sonoras del niño o la niña
- Definición del medio de estimulación y cambio paulatino de los elementos implícitos en el proceso. Consolidación paulatina de la palabra como recurso semántico fundamental. Operar en la emisión de verbalizaciones que den muestras de admiración, evitando las calificaciones porque se constituyen en aprobaciones o reprobaciones que conllevan a que se busquen aprobación externa

por lo que debe provocar satisfacción desde el propio mundo interno del niño o niña

- Realización de ejercicios de coordinación visomotora. En la fase inicial, el niño o la niña ejecuta con la ayuda del adulto quien verbaliza, luego ejecuta y verbaliza, más tarde ejecuta y se habla sobre lo que se hizo y, por último, el niño o la niña dice lo que hará y luego lo ejecuta. La asimilación del lenguaje se establece con la activación de todas las vías sensoriales.

La palabra acompañada de acción señalizadora del objeto en cuestión orienta la atención del niño o la niña hacia un estímulo en particular. Ocurre una mezcla de sentimientos y emociones ante las vivencias en que se ve implícito, Se facilita la interacción objeto-palabra.

Más tarde el comentario anticipador es muy favorecedor, ya que prepara al niño para la acción y le permite la formación del plano verbal de anticipo y planificación de la acción. Se forma la sensación de anticipo mental a la acción y, por tanto, su previsibilidad. El contexto lúdico hace relevante la actividad.

- Permanecer atento a las señales que emite el niño o la niña: sonrisa, miradas gestos desplazamientos, vocalizaciones reforzarlos mediante realización conjunta y reproducción o continuación de las acciones

Es necesario estar atentos ante las distintas maneras de expresión comunicativa, que se pueden reflejar del niño o la niña con el medio en general. La observación debe llevar a concederle determinados valores a las reacciones del niño o la niña y con ello introducirnos en el contexto de forma adecuada y enriquecedora.

Se produce una incorporación vital del niño o la niña a la comunicación. Se debe estar al tanto de la menor señal de expresión y utilizarla para iniciar la comunicación y con ello establecer la relación expresión-impresión.

Evaluación sistemática de los valores polisémicos de los recursos de comunicación que utiliza el niño o la niña, así como su trayectoria evolutiva hacia la formación de las redes semánticas, de esta manera se puede orientar con mayor acierto la consolidación cognoscitiva de la comunicación y se imprime garantía de uso óptimo de los recursos comunicativos propios, con seguridad plena de lograr el entendimiento con los que lo rodean.

El significante opera como categoría social genérica que hace alusión a un significado de la misma dimensión que asume en cada uno de nuestros matices o sentidos específicos en el marco concreto de desarrollo social.

- Es imprescindible iniciar toda actividad desarrolladora, a partir de las vivencias del niño o la niña

Realización de enunciados necesario y suficientes, que partan de las necesidades de transferencia objetiva de lo que se expresa y no sean una consecuencia de una posición reduccionista al adoptar como único parámetro, lo que ya domina el niño o la niña o las formas de expresión que él o ella adopta.

La conversación simplificada limita el universo lingüístico del niño o la niña. Los modelos lingüísticos empobrecidos no son representativos de la riqueza de la lengua y su vigencia en la socialización. Por eso es necesario hablar con claridad, asumiendo como principio fundamental que se comprenda y se tenga un modelo adecuado a imitar o seguir como patrón.

No obstante, hay que hacer énfasis en aquellos componentes implícitos en la comunicación que en determinados períodos etáreos resultan más relevantes: la entonación, el lenguaje afectivo y las onomatopeyas tienen un valor relevante para la comunicación en los primeros años de vida. De esta manera, al cantar marcan junto el ritmo y se introduce en el mundo de los cambios de modulaciones vocálicas.

Caracterización y pronóstico acertado de las ideas que desea expresar el niño o la niña para que un momento necesario, seamos capaces de aportarle los elementos verbales que pudiera demandar. En un momento determinado, de ser oportuna, hablar de las propias vivencias que el niño o la niña pretende codificar.

Por supuesto que esto debe tener un carácter transitorio para evitar que el niño o la niña adopte una posición pasiva. Se trata más bien de una ayuda a brindar en momentos muy precisos y por ello, hay que darle al niño suficiente tiempo y transmitirle que ellos lo tienen, que estamos a su disposición para proceder al intercambio. Esto le da confianza y no se somete a una realización atropellada de enunciados, con pausas y repeticiones innecesarias.

Hay que ubicarse en el justo punto de equilibrio y respetar el tiempo del habla del niño o la niña incluso cuando la pobreza de su habla incite a ocupar la posición activa que a él le corresponde. También es significativo que en la comunicación el adulto interprete verbalmente posibles inquietudes de los niños y por ello formulen preguntas, posteriormente se les emite la respuesta correspondiente.

En general es muy importante dar a entender que los tiempos son compartidos y se reconocen la relevancia de lo que hacen y comunican.

X.4.- Implementación de Proyectos de Potencialización y Prevención del Desarrollo. Experiencias Prácticas

En la actualidad existen diferentes enfoques en cuanto la implementación de los proyectos de potenciación y prevención en el proceso de desarrollo. Unos ponen en el primer plano la preparación de la familia como ejecutor fundamental y afianzan la preparación de la madres para esta tarea por considerar que constituye el elemento fundamental en la estimulación del niño o la niña; otros hacen más énfasis en la atención directa al niño por parte de un especialista, con lo que se resalta la necesidad del dominio técnico como premisa de alta relevancia en la estimulación; mientras que una tercera tendencia se dirige a combinar posiciones, es decir, atienden tanto la labor familiar y su entrenamiento como el trabajo directo con el niño o la niña por parte del profesional especializado.

La experiencia científico-práctica demuestra la mayor efectividad de la forma combinada, aunque esta debe ajustarse de una manera muy particular en cada caso y grupo familiar, donde se tengan en cuentas variables como la siguientes: fase etárea del desarrollo, potencialidades individuales del niño o la niña y de interacción de la familia y la comunidad. Veamos algunas demostraciones de la variante combinada:

- Realización de actividades de orientación familiar:
    - Instrucción a la familia sobre las particularidades del desarrollo de la comunicación de su hijo o hija
    - Demostración de las formas de estimulación del desarrollo del lenguaje hablado

Objetivo: Enriquecer el vocabulario. Ejemplo de ejercitación:
- Coloca dentro de una bolsa o recipiente varios juguetes u objetos sencillos, pídele que saque uno, nómbresela, descríbala, mientras él la manipula y haga énfasis en sus funciones
- Selección de objetos en orden creciente, atendiendo a funciones y cualidades. Acciones de identificación de objetos pares, comparación de los objetos sobre la base de un rasgo distintivo y de ser posible su modelado (armar y desarmar)

Las habilidades en los padres se desarrollan a partir de la participación en un proceso de estimulación que realiza el personal especializado. Al principio observa, luego ejecuta parcialmente con la supervisión del especialista y, por último, lo realiza de manera independiente.

De esta manera se continuará explicándole las regularidades que rigen el proceso de estimulación y sus vías. Esto sucederá transitando desde una gran regulación por parte del especialista hasta que finalmente se alcance suficientes habilidades e independencia creativa. Lo que se debe acompañar de un seguimiento técnico de control y orientación oportuna acorde con la tendencia de desarrollo que se registre en el niño o la niña y las posibilidades reales de los padres de continuar de forma efectiva. Se sugiere seguir para el autocontrol los siguientes parámetros:

- Registro de Logros del desarrollo del lenguaje.
- Frecuencia y tiempo de realización de las actividades conjuntas con implicación verbal
- Niveles de ayudas otorgadas: física, de realce, de imitación y demostración parcial o total y verbales, así como la combinación de estas

Los parámetros anteriormente mencionados deben controlarse, teniendo en cuenta indicadores por grupos etáreos que permitan, tanto anotar los progresos del niño o la niña, como controlar la propia actividad de la persona mediadora (padres o especialistas). En particular observar el tiempo que logra permanecer realizando una misma actividad. En este contexto observar la presencia de señales de aburrimiento para provocar el cambio de actividad. Siempre resguardando que sea desde curiosidad y las motivaciones de los niños y las niñas.

Una postura metodológica, con muestras de ejercicios, se presenta en el libro Progresión de Aprendizajes Básicos: Una Perspectiva Ontogénica de Ediciones Pronos World (2020).

REFLEXIONES PARA CONTINUAR EN LA INDAGACIÓN

La asimilación del lenguaje por el niño o la niña constituye el dominio de la expresión más acabada de la cultura humana. Esto ocurre durante el aprendizaje social sin obviar el papel del legado filogénico de que es portador en la dimensión de que todo desarrollo ontogénico es portador de lo más representativo de los logros de la cultura humana. **La ontogenia repite la filogenia.**

Activar lo biológico es asumir la responsabilidad mediadora de poner en marcha los beneficios sociales de la experiencia universal del ser humano registrada a su favor en el código genético, no para interrumpir el proceso de adaptación, sino para facultarlo ante cualquier eventualidad de la vida social.

Es necesario oír el clamor ontogénico que solicita que creemos contextos de aprendizajes oportunos a los momentos precisos en que se manifiestan en la individualidad estos logros. Demos paso con intensidad a una pedagogía temprana y oportuna para que las potencialidades de desarrollo encuentren momentos pertinentes: **Enseñar y enseñar a tiempo.**

En cada momento de su vida el niño o la niña nos dice aquí estoy listo para que no permitas que no muera en mí el legado de la humanidad (la demanda que no se oye), luego será tardío y difícil. Debemos aceptar con cordura que el momento de **diversidad manifiesta deseada** se registra desde la gestación y como pedagogos debemos asumir el reto. José Martí indicó que la educación empieza en la cuna y no termina sino en la tumba. Y es importante que asumamos la fase anterior a la cuna...

Este es un camino importante en la lucha por eliminar la diversidad manifiesta no deseada cuando al inicio de la actividad escolar deviene en una fase difícil del desarrollo del niño o la niña, es decir, expresión **manifiesta de diversidad tardía.**

No se trata de la adaptación pasiva y la sobrevivencia de la individualidad ante el mundo que enfrenta, se trata, por el contrario, de asumir la responsabilidad de mediadores para que el mundo social sea lo más representativo de la cultura humana desde su perspectiva histórica: **Socio–Histórico– Cultural.**

Cada niño es portador de semejanzas con sus antecesores de la especie humana y a su vez es portador de expresiones particulares de desarrollo. Busquemos el equilibrio de la balanza a favor de ambos pesos. No permitamos irrelevancias ni en una ni en otra dirección. La hipoestimulación lleva a pérdidas de las potencialidades de desarrollo e incluso a que se deslice entre los dedos el talento.

Prevenir para los educadores no puede ser sinónimo de evitar los riesgos de la vida, sino crear condiciones para que ante los riesgos de la vida sean asumidos con grandes potencialidades de reorganización funcional. Eso implica contar con el cerebro activado desde la perspectiva de lo que le es dable.

Cómo pasar por alto, por ejemplo, lo que representa que una persona bilingüe sufra un daño cerebral y eso implique afasia en una lengua y la otra quede intacta. En este caso, se observa que para un mismo sistema funcional se estructuran diferentes organizaciones cerebrales para cada lengua.

Recuerde, por ejemplo, que no es la misma organización cerebral del sistema funcional verbal de un polinesio que el de un occidental como muestra de la influencia de las particularidades de la lengua materna en la movilización de la masa encefálica. Estas y muchas más son evidencias relevantes de lo que implica el contexto social para la posible vida cultural del ser humano.

No hay un ejemplo más evidente de lo que son los aprendizajes tardíos que asumir el reto de aprender una segunda lengua siendo adultos. Sin embargo, se registra la facilidad con que niños que crecen en comunidades multiculturales (para decirlo de alguna forma), en los primeros años de vida aprenden varios idiomas y sin que nadie los haga transitar por el drama de que hay que someterse a una enseñanza dirigida en espacios diseñados al efecto... Cómo podemos darnos por desentendido ante este llamado de la filo - ontogenia.

De inmediato la pregunta: ¿Conocemos suficiente sobre el desarrollo ontogénico de nuestros niños? realmente no contamos con un modelo teórico sistematizado de desarrollo. La realidad es que nos apoyamos en estudios externos y poco podemos aportar porque no hemos asumido con responsabilidad el reto de un estudio sistémico del desarrollo ontogénico del niño o la niña latinoamericano. Hablamos con fuerza de los aprendizajes; hoy parece ser que se quiere dar más atención a la enseñanza y en ambos casos se gira alrededor de lo mismo: **sólo es posible enseñar a quien conozco como aprende.**

No a la promulgación de un determinismo biológico ante lo que demande el medio. Sí a un proyecto social que determine en el desarrollo bajo la concepción de que todo niño puede aprender y no hay límite en ello, a no ser el final del ciclo vital.

No se puede obviar la fuerza modificadora y selectiva del ser humano que trasciende cualquier ámbito concreto para cesar en la idea de una simple interacción. Lo que ayer parecía inalcanzable hoy puede ser una rutina. En **la ruptura con lo esquemático**, hoy nos encontramos con un no videntes ante un computador y un sordo ciego egresado de una carrera universitaria de alto rigor académico o, simplemente, mover a gran velocidad sus piernas artificiales un impedido físico. Así por iniciativa propia atiende y desatiende una y otras cosas.

La vida social entregada de manera parcial a enaltecer una y no otras expresiones de cultura humana lleva a la segregación de otros y a la auto-segregación y en ambos casos se daña de igual manera la historia del ser humano en su visión universal. La estimulación del desarrollo debe emitir un **no a las fronteras culturales.** La aceptación simultánea del yo y del otro es el camino hacia la aceptación universal.

La evolución humana puede sobrepasar y debe sobrepasar la deriva natural porque se trata de no sólo conservar la capacidad de reproducción y la conservación de la identidad, sino también de redimensionarla con esa visión de futuro de que es portador el ser humano.

Los profesores en el sentido más universal asumen el más inmenso reto de la sociedad humana: transferir cultura y crear contextos para su enriquecimiento mediante la actividad creadora de la individualidad.

El lenguaje se origina en el ámbito de la actividad compartida y en las que las extremidades superiores asumieron el reto creador de la transformación del medio mediante el uso de mediadores.

Así quedó indicado el camino que debía recorrer el lenguaje como expresión más acabada de los mediadores que ha utilizado el ser humano en su existencia.

Bajo esa concepción clara y precisa de L.S. Vygotsky orienta que **lo que al principio es tarea de dos luego pasa a ser tarea de uno.** En la actividad social compartida, en el uso de mediadores y, por ende, en la estructura mediatizada de las funciones psíquicas superiores se registra ese crecimiento histórico del ser humano.

Recuerde el tránsito de la relación inmediata con el objeto al mundo de la imagen y de ahí a la palabra. La idea es que se aprende haciendo.

El mejor modo de decir es hacer (José Martí), **Jesús es verbo y no sustantivo**, siguiendo el mensaje bíblico. Primero se hace y luego se habla, luego se habla sobre lo que se hace y un poco más tarde se habla sobre lo que se hizo para finalmente enunciar lo que se realizará. De esta manera se une la palabra a la acción. Evite la presencia de un lenguaje por el lenguaje que esa nunca fue la razón de su origen. Podemos resumir tres vertientes relevantes del desarrollo de la psiquis del ser humano y por ende del lenguaje:

❑ Relevancia del contexto social para el desarrollo desde una mirada filogénica
❑ El contexto de actividad para facilitar los aprendizajes
❑ La visión ontogénica como modelo a seguir para enseñar a tiempo como se aprende

Estamos muy lejos de saber todo lo que no sabemos y eso nos deja en la incertidumbre que proporciona el no poder medir nuestra ignorancia, pero activos en la búsqueda de los apoyos para mediar en los aprendizajes de la diversidad humana. Al final seguimos siendo sabios en la relatividad de lo evidente y siempre cuestionable.

Gracias por ser mi interlocutor. Hasta el próximo diálogo, en el que aspiro a ser su lector.

BIBLIOGRAFÍA

American Speech-Language-Hearing Association (ASHA): https://www.asha.org/

Almaguer, P. L.: El desarrollo del lenguaje del preescolar. Defensa de tesis. Universidad Pedagógica de Holguín, Cuba, 1993

Andreev, L.: Fundamentos de la teoría del conocimiento. Editorial América Nueva, Uruguay, 1963.

Bein, E. S. y otros: Rehabilitación de los pacientes afásicos a causa de insultos cerebrales. Editorial Moskovski Universitet, Moscú, 1977. (En ruso).

Belova- David, R. A.: Los trastornos del lenguaje en los niños preescolares. Editorial Prosvieschenie, Moscú, 1972. (En ruso).

Beltiukov, V. I.: Sobre la asimilación de los sonidos del lenguaje por los niños. Editorial Provieschenie, Moscú, 1964. (En ruso).

--------------: Interacción de los analizadores en el proceso de percepción y asimilación del lenguaje oral. Editorial Pedagoguika, Moscú, 1977. (En ruso).

Bershtein, S. I.: Cuestiones sobre la enseñanza de la pronunciación. Editorial Pedagoguika, Moscú, 1937. (En ruso).

Bustamante, J. A.: Psicología médica. Editorial Ciencia y Técnica, La Habana, 1967.

Brabyn H. La lengua materna y hemisferios cerebrales. Revista de La Unesco.Febrero de1982. https://unesdoc.unesco.org/ark:/48223/pf0000074798_spa

Bruner, J. S: De la comunicación al lenguaje: una perspectiva psicológica. Infancia y Aprendizaje. La adquisición del lenguaje. Monografía. (1981):

Bruner, J. S.: Acción, pensamiento y lenguaje. Madrid: Alianza Editorial. (1989)

Cabanas, C, R.: Acerca de una teoría sobre el origen del habla en la humanidad con derivaciones terapéuticas. Nueva interpretación. Revista del hospital psiquiátrico de La

Habana. Empresa Poligráfica del Ministerio de Salud Pública, Ciudad de la Habana, 1980.

Calderón de la Barca, P.: La vida es sueño. En Castellano. Tercer año de enseñanza media. Editorial Zig – Zag. Santiago de Chile, 1978.

Calzadilla, O.: Estimulación del lenguaje desde edades tempranas. Ponencia en VIII Conferencia internacional de Educación Especial. La Habana, 1999.

Condemarín, G. M.: Taller del lenguaje oral y escrito. Editorial Dolmen Ediciones S. A., Santiago de Chile, 1995.

Cristal D.: Patologías del lenguaje. Ediciones Cátedra, S. A. Madrid, 1993.

Chernousova, N. L.: La lectura como vía de estimulación del desarrollo del lenguaje en menores con trastornos severos en su desarrollo. Defensa de tesis en opción al grado de Máster en Integración escolar. Universidad de Cienfuegos, Cuba, 1998.

Cheveliova, N. A.: Corrección de la tartamudez en los escolares durante el proceso de la enseñanza. Editorial Prosvieshenie, Moscú, 1978. (En ruso).

Chikobava, A.: Introducción a la Lingüística, 1ª parte, Editorial Literatura Pedagoguika, Moscú, 1967.

Chistovich, L. A. y otros: Fisiología del lenguaje. Percepción del lenguaje por el ser humano. Editorial Nauka, Moscú, 1976. (En ruso).

Chomsky, N.: Syntactic structures. La Haya: Mouton. (1957).

..................: Current issues in linguistic theory. La Haya: Mouton. (1965).

Dachkov, A. I. y otros: Diccionario de Defectología. Editorial Pedagoguika, Moscú, 1970. (En ruso).

DeCasper A. y W Fifer, W.: Of human Bonding: Newsborns profer their mother´ voice. Edición JSTOR. USA. 2003. http://bernard.pitzer.edu/~dmoore/psych199s03articles/of_human_bonding.pdf

Doman, J. Glen: Como enseñar a su bebé. Ediciones Aguilar S. A., Madrid. España, 1970.

Manes, F.: Usar el cerebro. Ciudad de México, México: Editorial Paidos, 2016.

Ferreiro, A. y Teberosky, A.: Los sistemas de escritura en el desarrollo del niño o la niña. Editorial Siglo XXI, Buenos Aires, 1995.

Figueredo, E. E.: Progresión de aprendizajes básicos: Una perspectiva ontogénica. Ediciones Pronos World. Miami. Fl. USA. 2020.

............................: Caracterización psicopedagógica de los menores con trastornos severos del lenguaje. Monografía. Doctorado en Ciencias Pedagógicas. Instituto de Defectología de Moscú. Rusia, 1986.

............................: Psicología del lenguaje. Editorial Pueblo y Educación. Ciudad de la Habana, 1982.

............................: Logopedia T I. y T II. Editorial Pueblo y Educación. Ciudad de la Habana, 1984 y 1986.

Frisch, K. V.: The dance language and orientation of bees. Edición Harvard University Press. Cambridge, Massachusetts, Estados Unidos, 2013.

Gallardo, R. y Gallego, O.: Manual de logopedia escolar. Ediciones Aljibe, (1993).

González, Martin D.: Cerebro cognoscente: un modelo para su estudio. Editorial de la Academia de Ciencias de Cuba, La Habana, 1975.

Gorski, D. P y otros: Pensamiento y lenguaje. Editorial Grijalbo S. A., Méjico, 1966.

Hernández, L. M. y López Del Castillo, R.: Selección de lecturas lexicología y semántica. Editorial. Editorial Pueblo y Educación, Ciudad de la Habana, 1979.

Hernández, V.R.: Conferencias de fonética y fonología. Impresión ligera, primera parte, Santiago de Cuba, 1975.

Instituto de Estadísticas de la Unesco. Día Internacional de la Alfabetización, 2018:
https://es.unesco.org/commemorations/literacyday/
https://www.youtube.com/watch?v=fsucXQUnmMs&feature=emb_r

Jacobson, R. y Morris H.: Fundamentos del lenguaje. Editorial Ayuso y Pluma. Madrid. España. 1980
https://desarmandolacultura.files.wordpress.com/2018/04/jakobson-roman-fundamentos-del-lenguaje.pdf

Klatskai, P.: La memoria del ser humano, estructura y proceso. Editorial Nauka, Moscú, 1978. (En ruso).

Kolarova, Z. I.: Fisiología de la actividad nerviosa superior del niño o la niña. Editorial Medicina, Moscú, 1968. (En ruso).

Koltsova, M. M.: El niño o la niña aprende a hablar. Editorial Sovietskaia Rossia, Moscú, 1979.

Lat. 33: Reporte / Hormigas. Nº 18 / año 2. Editorial Lat. 33 Ltda. Págs. 18 – 33. Santiago de Chile, agosto 2001.

Leontiev, A. A.: La lengua en los niños. Editorial Nauka, Moscú, 1981. (En ruso).

...........................: ¿Qué es la lengua? Editorial Pedagoguika, 1972. (En ruso).

...........................: La lengua, el lenguaje y la actividad verbal. Editorial Prosvieschenie, 1969. (En ruso).

...........................: Problemas psicolinguísticos de la comunicación masiva. Editorial Nauka, Moscú, 1974. (En ruso).

...........................: Teoría de la actividad verbal. Editorial Nauka, Moscú, 1968. (En ruso).

Liapidevski, S. S.: Trastornos del habla y la voz. Editorial Prosvieschenie, Moscú, 1975. (En ruso).

...........................: Trastornos del lenguaje en niños y adolescentes. Editorial Medicina, Moscú, 1969. (En ruso).

...........................: Neuropatología. Editorial Provieschenie, Moscú, 1965. (En ruso).

Lievina, R. E.: Fundamentos teóricos y prácticos de la Logopedia. Editorial Prosvieschenie, Moscú, 1968.

Liublinskaia, A. A.: Al maestro sobre la psicología del escolar de edad temprana. Editorial Prosvieschenie, Moscú, 1977. (En ruso).

Lubovski, V. I.: Desarrollo de la regulación verbal de las acciones en los niños. Editorial Pedagoguika, Moscú, 1978. (En ruso).

Luria, A. R.: El cerebro en acción. Editorial Pueblo y Educación, Ciudad de la Habana, 1978.

...................: Las funciones corticales superiores en el ser humano. Editorial Moskovski Universitet, Moscú, 1969. (En ruso) (En español, 1977).

----------: Conciencia y lenguaje. Editorial Artigrafía S. A., Madrid, 1980.

----------: Principales problemas de la Neurolingüística. Editorial Moskovski Universitet, Moscú,1975.

----------: Fundamentos de la Neuropsicología. Editorial Moaskvski Universitet, Moscú, 1973. (En ruso).

----------: El lenguaje y el desarrollo de los procesos psíquicos en el niño o la niña. Editorial Academia de Ciencias Pedagógicas de la República Socialista Federativa Soviética Rusa, Moscú, 1956. (En ruso).

----------: El cerebro del ser humano y los procesos psíquicos. Editorial Pedagoguika, Moscú, 1970. (En ruso).

----------: Esbozo sobre la psicofisiología de la escritura. Editorial de la Academia de Ciencias Pedagógicas de la República Socialista Federativa Soviética Rusa, Moscú, 1960. (En ruso).

----------: El papel del lenguaje en el desarrollo de la conducta. (En proceso de edición).

----------: Génesis de los movimientos voluntarios, en Psicología soviética contemporánea. Serie Ciencia y Técnica. Instituto del Libro, La Habana, 1967.

Maturana, H.: Desde la Biología a la Psicología. Editorial Universitaria, Santiago de Chile,1996.

Maldonado, C.: Leo Solito: Tomo 2 Editorial Universitaria. Santiago de Chile, 1998

Marcotte, A. C. y Morere, D. A.: Lateralización del habla en poblaciones sordas: evidencia de un evidente período crítico del desarrollo. Julio de 1990. https://pubmed.ncbi.nlm.nih.gov/2207617/?from_term=Ma rcotte+AC&from_cauthor_id=2207617&from_pos=1

Martínez, Mígueles M.: El paradigma emergente. Editorial Gedesa, Barcelona, España, 1993.

Nazzi, T., Johnson, K. y Jusczyk, E.: Language discrimination by English Learning 5-Months-Olds: Effect of rhythm and familiarity Journal of Memory and Language, 43 (2000), pp. 1- 19.

Negnevitskala, E. I.: La lengua en los niños. Editorial Nauka, Moscú, 1981. (En ruso).

Panfilov, V.Z.: Interacción de la lengua y el pensamiento. Academia de Ciencias de la U.R.S.S. Instituto de Lingüística. Moscú, 1971. (En ruso).

Pavlov, I. P.: Obras completas. t.I Y III. Editorial Rossia, Moscú, 1951. (En ruso).

Piaget, J.: Introducción a la psicolingüística. Editorial Proteo, Buenos Aires, 1979.

Pons, J.R.: Introducción a la gramática. t. I. Editorial Pueblo y Educación, La Habana, 1974.

Rivano, Fischer. R.: Capítulos Introductorios en Lingüística General. Gastón Salamanca. 1998.

Rubinstein, J. L.: Principios de Psicología General. Edición Revolucionaria, Ciudad de la Habana, 1977.

...................: El desarrollo de la Psicología. Editorial Pueblo y Educación, Ciudad de la Habana, 1979.

Salajova, A. D.: Desarrollo del aspecto sonoro del lenguaje del niño o la niña. Editorial Prosvieschenie, Moscú, 1972. (En ruso).

Samsonov, J. A. Y S. N. Shajovskaia: Cuestiones sobre la Logopedia. Editorial Pedagoguika, Moscú, 1978. (En ruso).

Sapir. E.: El lenguaje. Editorial Ciencias Sociales, La Habana, 1974.

Saussure De, Ferdinand: Curso de lingüística general. Editorial Ciencias Sociales, La Habana, 1973.

Seliviorstov, V. I.: La tartamudez en los niños. Editorial Provieschenie, Moscú, 1972.

Smirnov, A. A. y otros: Psicología. Imprenta Nacional de Cuba, La Habana, 1961.

Sinelnikov, R. D.: Atlas de Anatomía Humana, T III. Editorial Mir. Moscú,

Tijeeva, E. I.: Desarrollo del Lenguaje en los niños. Editorial Prosvieschenie, Moscú, 1967. (En ruso).

Tsvietkova, L. S.: La enseñanza rehabilitadora en casos de lesiones cerebrales. Editorial Moskovski Universitet, Moscú, 1976. (En ruso).

...................: Agramatismos en caso de afasia. Editorial Moskovski Universitet, Moscú,1978. (En ruso).

.............................: Los problemas de la afasia y la enseñanza rehabilitadora. Editorial Moakovski Universitet, Moscú, 1979. (En ruso).

Vallon, A.: El desarrollo psíquico del niño o la niña. Editorial Provieschenie, Moscú, 1967. (En ruso).

Vekker, L. M.: Los procesos psíquicos. Editorial de la Universidad de Leningrado, 1981. (En ruso).

Venguer, L.: Conferencias de psicología infantil. Curso 1975-1976. Impresión ligera, Instituto de la Infancia, La Habana, 1976.

Vygotsky, L. S.: Pensamiento y lenguaje. Edición Revolucionaria, Ciudad de la Habana, 1981.

........................: El desarrollo de los procesos psíquicos. Editorial de la Academia de Ciencias pedagógicas, Moscú, 1960.

Vinagradov, V.V.: Concepto de las leyes interiores de desarrollo de la lengua en el sistema general de la Lingüística, en revista Cuestiones sobre linguística Nº 2, P. 53, 1952.

Zhinkin, N. I.: El intelecto, la lengua y el lenguaje, en Los trastornos del lenguaje en los niños preescolares. Editorial Prosvieschenie, Moscú, 1972. (En ruso).

Zhukova, M. S. y otros: Eliminación del retardo en el desarrollo psíquico en los niños preescolares. Editorial Prosvieschenie, Moscú, 1973. (En ruso).

www.ingramcontent.com/pod-product-compliance
Lightning Source LLC
Chambersburg PA
CBHW022333280326
41934CB00006B/623